I0131618

Los Colores De Tu Dinero

Elaine King

Editor
Bruno Casanova

RUMI Productions, LLC

New York

Los Colores de tu Dinero ©2015 por Elaine King. Publicado por RUMI Productions LLC, New York. www.rumiaudio.com

Todos los derechos reservados. Ninguna parte de este libro puede ser reproducida, almacenada o incluida en un sistema de recuperación, o transmitida de ninguna forma, ni por ningún medio (ya sea electrónico, mecánico, por fotocopia, grabación o de otra manera) con ningún propósito, sin la autorización previa por escrito del editor, a excepción de los casos de citas breves, o donde esté permitido por ley.

ADVERTENCIA

Si bien se han hecho todos los esfuerzos posibles para que este libro sea tan completo y exacto como sea posible, no se otorga ninguna garantía. El consejo y las estrategias contenidas en esta obra no se aplican a todas las situaciones. Ni el autor ni el editor asumen obligación o responsabilidad alguna ante cualquier persona o entidad con respecto a cualquier pérdida o daños que pudieran surgir de la información contenida en este libro. Los nombres, los personajes, los negocios, las organizaciones, los acontecimientos, y los incidentes o bien son fruto de la imaginación del autor, o bien se utilizan con carácter ficticio. Cualquier parecido con personas reales, vivas o muertas, con acontecimientos o lugares son estrictamente casuales.

Library of Congress Cataloging-in-Publication Data

King, Elaine,
Los Colores de tu Dinero
Primera edición. Junio 2015

LCCN: 2335565531
ISBN-13: 978-0-9963572-0-3
ISBN-10: 0996357203

1. Adultos Jóvenes (Young Adults). 2. Finanzas Personales (Personal Finances). 3. Familias. Aspectos Económicos (Families. Economic Aspects)

Impreso en los Estados Unidos de América

Gracias a mis padres por sus enseñanzas,

a mi querido esposo por su amor y protección,

y a mi familia y amigos quienes con sus palabras

me alientan a seguir creciendo.

❧

Este libro no sería realidad sin la ayuda de mi querido editor,

Bruno Casanova, por su perseverancia y dedicación.

❧

Deseo que el contenido brinde luz para guiar

a los futuros líderes latinos del mundo.

1 LA PERSONALIDAD FINANCIERA

¿Qué es eso?

2 PLANIFICAR

¿Para qué?

3 ORGANIZARME

¿Cómo?

4 EL AHORRO

¿Cómo y Dónde?

5 PRÉSTAMOS Y DEUDAS

¿Cómo controlarlos?

6 INVERTIR

¿Por qué?

7 COMPARTIR Y PROTEGER

¿Para qué?

Índice

Introducción

7 mil millones; 590 millones; 50 millones; 25.

El primer número (7 mil millones) representa a la población mundial estimada; el segundo (590 millones) es la población de América Latina; el tercer número (50 millones) es la población de latinoamericanos en los Estados Unidos; 25, es el porcentaje de pobreza de los latinoamericanos que viven en este país.

Aunque en ocasiones la pobreza no está relacionada al dinero, en la mayoría de casos ésta es el resultado de la escasez de recursos y herramientas que nos permitan el libre desarrollo de nuestras capacidades. La administración correcta del dinero es un instrumento para alcanzar esta libertad. Sin embargo, entender cómo manejar el dinero puede ser complicado. Son muchos los expertos que tienden a explicar estos conceptos de forma demasiado técnica, haciendo uso de términos ajenos a la mayoría; otros incluso, carecen de neutralidad suficiente para explicar el tema en forma objetiva.

Con un lenguaje simple y situaciones comunes a la gran masa de latinoamericanos, *Los Colores de Tu Dinero* aspira a ser una guía útil para los latinos dentro y fuera de los Estados Unidos. La autora, Elaine King, ha dividido el libro en 7 capítulos, cada uno de los cuales es una lección, representada por un color particular. Cada capítulo cuenta con ejercicios simples para que practiques lo aprendido en él.

Se puede especular con justicia, que para aprender a administrar el dinero, es necesario tener una buena cantidad. Discrepamos. Este libro está destinado a la gran mayoría de latinoamericanos que no son ricos, justamente porque para amasar riqueza y alcanzar la libertad financiera es necesario primero, saber organizarse y tener una meta clara.

Cada capítulo tiene asignado un color para que al terminar el libro, y después de aprender todas las lecciones, tú puedas determinar que colores definen tus finanzas. Cada uno de nosotros tienen un color favorito, ¿cuál es el tuyo?

Este libro está dedicado a cada uno de los jóvenes de América Latina cuyos sueños y pujanza hacen de ésta, la región con mayor proyección económica del mundo.

1 LA PERSONALIDAD FINANCIERA

¿Qué es eso?

El dinero no crea el éxito,
lo crea la libertad para hacerlo.

Nelson Mandela

El dinero crea actitudes, valores y conductas particulares. Muchos crecen sin comprender el significado del dinero y, aunque las habilidades financieras pueden ser aprendidas, los valores y las actitudes frente al dinero tienen un origen diferente. Están influenciadas, sobretodo, por dos factores: el legado familiar y los instintos financieros. Es posible que no tengas la misma actitud o conducta hacia el dinero, ni los mismos valores financieros que tus padres o abuelos, pero es innegable que ello influye en la relación que hoy tienes con el dinero. ¿Por qué debes pensar en esto? Son muchos los motivos, pero todos se pueden resumir en lo siguiente: Identificar tu tipo de personalidad financiera te ayudará a entender tus tendencias y a tomar decisiones económicas que afectarán tu destino. Si lo piensas detenidamente, te darás cuenta de que cada familia funciona como una pequeña comunidad financiera. Cada miembro de   la familia tiene una misión, un rol y la capacidad de aportar a la economía del grupo ya sea con su labor, su experiencia o su dinero. Es importante que entiendas eso, porque tu experiencia familiar puede impulsarte a mejorar tu situación económica personal y familiar.

En mi propia familia se dice que conocer la personalidad financiera es fundamental incluso al momento de comprar, porque antes de hacerlo nos permite evaluar si algo realmente se "quiere" o se "necesita", diferencia que te ayudará a priorizar. La experiencia financiera familiar aunada a tus propios instintos financieros, consolidan tu actitud personal hacia el dinero y tu impulso para obtenerlo. El éxito tiene una mayor relación con el uso máximo de nuestras capacidades y deseos, que con la acumulación de riqueza. Siguiendo esta premisa, una persona o una familia con pocos recursos puede ser más exitosa que otra más pudiente.

Existen distintos tipos de personalidad financiera y aunque todos tenemos una dominante, todos poseemos rasgos de más de uno de estos grupos:

1. **Los planificadores.** A este grupo no le gusta gastar inmediatamente, por el contrario, le encanta guardar hasta que llegue la gran oportunidad. Se caracteriza por la seguridad económica y la tendencia a la vida familiar. Tienen miedo a perder el control y sienten pánico de la escasez. Los miembros de este grupo son muy cuidadosos con los "extras", (el dinero que sobra tras los gastos); tienen muy pocas deudas, y su prioridad es el ahorro. Para ellos, es necesario establecer objetivos claros para poder distribuir estos ahorros. Desafortunadamente, los miembros de este grupo pueden llegar a ser muy obsesivos con el dinero.

2. **Los dadores**. A los miembros de este grupo les encanta compartir. Esa es su prioridad. Piensan principalmente en los demás y les encanta comprar regalos para otros. Desafortunadamente lo hacen sin considerar su propia economía, ni la del país en el que viven, y su necesidad de comprar puede llegar a ser muy impulsiva.

3. **Los inversionistas.** A ellos les gusta invertir en el futuro. Disfrutan tomando riesgos y gastan poco en sí mismos. Los miembros de este grupo son expertos fijándose metas cuantitativas. Desafortunadamente, esto les puede generar altos niveles de ansiedad.

4. **Los gastadores.** A ellos les encanta comprar todo lo que ven. Disfrutan viviendo el momento y divirtiéndose sin mayor preocupación. En ocasiones, gastan más de lo que ganan. Los gastadores son aventureros cuya meta es comprar cosas para ellos mismos. Por ello, desafortunadamente, cuentan con pocos ahorros y muchas veces tienen problemas financieros. Un gran problema para ellos son las tarjetas de crédito.

Una vez que identifiques tu tipo de personalidad financiera dominante, debes usar esta información para el crecimiento de tu economía personal o familiar. Te recomiendo 4 pasos para esto:

1. **Establecer metas personales o familiares.** Esto es primordial. Estas metas deben ser específicas, y debemos ser capaz de medir los resultados con el tiempo.

2. **Establecer un plan de acción y asignar responsabilidades para alcanzar esta meta.** Ya sea dentro de la familia o de manera personal, cada persona o miembro debe tener un rol específico para alcanzar el éxito personal o grupal.

3. **Dividir y asignar el fruto de la meta una vez alcanzada.** Una vez más, ya sea de forma personal o familiar, es importante compartir los resultados con los participantes o asignarnos un premio personal por haber llegado al éxito que se buscaba.

4. **Compartir e invertir un porcentaje de tus ganancias en tu comunidad.** Cuando la comunidad crece, tú creces. Cuando tu familia crece, tú creces.

· ·

En resumen

➤ Existen diferentes tipos de personalidad financiera.

➤ Tu personalidad financiera está influenciada por tu legado familiar y tus instintos.

➤ Conocer tu personalidad financiera es fundamental para establecer metas y alcanzarlas.

➤ Establece un plan de acción para llegar a tu meta.

➤ Es imprescindible asignar y compartir los frutos del éxito alcanzado.

· ·

Testimonios

Empezaremos los testimonios de este libro con el mío. Nací en Perú, en el corazón de una familia muy trabajadora. Mis padres me enseñaron el valor del dinero desde muy temprano. Recuerdo que de muy pequeña, cuando quería un helado, me enviaban a comprarlo sola para que aprendiera a regatear el precio de los helados con el vendedor (una conducta, ciertamente poco común en otras culturas). Lo cierto es que esa experiencia me ha ayudado hasta hoy en mi vida financiera.

Manuela M, 18 años

Mi madre trabaja en un hotel limpiando habitaciones; mi padre es jardinero. Económicamente, no somos pobres, pero tampoco somos ricos. Nos alcanza para vivir. Más allá del dinero, creo que la lección más importante que aprendí de mis padres fue estar contenta con lo que tengo y no sufrir por lo que quiero y no tengo. Gracias a ellos aprendí a valorar las cosas simples, lo que tengo en este instante, y a luchar sin desesperarme por aquello que quiero.

Gregorio A, 21 años

Lo más importante que aprendí de mis padres es la honestidad. La honestidad está siempre por encima de hacer dinero, sin excepción. "Si tienes mucho dinero, pero eres deshonesto, en realidad eres más pobre que el más pobre de todos", siempre me decía mi papá.

Ejercicios

De una forma divertida, tratemos de dilucidar cuál es tu tipo de personalidad financiera.

1. Si ganas la lotería, y recibes US$1 millón, ¿qué harías primero?

    a. Donar la mayor parte a gente necesitada.

    b. Ahorrar la mayor parte. Depositarlo en una cuenta y decirte, ¡ahora tengo libertad financiera!

    c. Invertir la mayor parte. ¡Me gustan los bienes raíces e inversiones!

    d. Gastar la mayor parte. La vida es corta, ¡disfrutémosla!

2. El dinero significa para mí:

    a. Una herramienta para dar seguridad y felicidad a otros.

    b. Algo que necesito constantemente para evitar el stress.

    c. La oportunidad para construir un imperio.

    d. El medio para pagar mis recibos y comprar lo que me gusta.

3. Si tengo una emergencia financiera costosa e inesperada:

    a. Le pediría a un amigo o familiar que me ayudara.

    b. Sacaría el dinero de mis ahorros.

    c. Vendería mis acciones o lo tomaría de mis propias inversiones.

    d. Utilizaría mis tarjetas de crédito.

4. El crédito y la deuda significan para mí:

    a. Lo mismo.

    b. Algo que usar solo en circunstancias extremas.

    c. Una herramienta para hacer dinero.

    d. Una estrategia para mi estilo de vida.

5. Mi meta financiera es:

    a. Poder compartir con otros lo que tengo y lo que tendré.

    b. Tener suficiente para dejar de trabajar lo antes posible.

    c. Crear fondos diferentes de inversión y crear empresa.

    d. Vivir más allá que de sueldo a sueldo.

Si tus respuestas son en su mayoría "a", eres sobretodo un dador; si son en su mayoría "b" eres sobretodo un planificador; si son mayormente "c" eres sobretodo un inversionista, y si la mayoría son "d" eres sobretodo un gastador.

Ahora que ya sabes tu tipo de personalidad será más fácil poder entender de donde vienen tus actitudes frente a decisiones con el dinero, Tu primer ejercicio es responder estas preguntas:

1. ¿Qué significa el dinero para ti?

2. ¿Qué harías un día sin dinero?

3. ¿Cuál es el rol de cada miembro de tu familia en la economía familiar?

4. ¿Cuál es tu meta financiera (personal o familiar)?

¿Qué has aprendido de tu familia acerca del dinero?

_____

_____

_____

_____

_____

_____

Sitios web útiles

www.smckids.com

www.lifetuner.org

www.mindtools.com/page6.html

http://hrweb.berkeley.edu/learning/career-development/

goal-setting/career-plan-vision

2

PLANIFICAR
¿Para qué?

Los planes no son nada. Planificar lo es todo.

Dwight Eisenhower

I. ¿Qué es la planificación financiera?

La unión de las palabras "planificación" y "financiera" puede sonar algo intimidante para algunos. Pero esto no tiene que ser así. Hay principios muy positivos detrás de cada una de estas palabras. Quien "planifica" llega a sus metas más rápido que quien no planifica. Por otro lado lo "financiero" no es complicado, sólo implica saber sobre tu dinero. En conjunto, no son más que el adecuado control, entendimiento y organización de tu dinero.

En muchos países del mundo existe un profesional llamado "el planificador financiero", que se dedica a ayudar a sus clientes a desarrollar un plan de administración del dinero. Como parte de ese plan, el planificador establece, primero, las metas, ¿a dónde se quiere llegar?, y luego, ¿qué se necesita para llegar allí? Sabemos que nada en la vida es gratis, por ello el planificador separa cada una de las metas y les asigna un valor específico, un costo.

Hace algún tiempo, tuve un jefe que no estaba de acuerdo en asignar un valor a las metas. Me decía, por ejemplo, que uno puede caminar por la playa, correr una maratón o leer un libro, sin gastar un centavo. Aunque su punto era comprensible y válido, me atreví a discrepar con él. Para caminar, especialmente en ciertos terrenos, se necesita de zapatos, para correr una maratón, uno utiliza ropa deportiva, para leer un libro, se debe adquirir el libro. Todo tiene un costo y si éste no se puede cuantificar como dinero inmediato, definitivamente entra en la categoría del costo-beneficio, con lo cual adquiere un valor financiero en el tiempo.

Hacer un plan es sencillo. Implica hacer una lista de tus metas, asignarles un monto, dividirlas en el tiempo y preparar un plan de acción y ahorro para llegar a ellas. Las formas de ahorrar son tan variadas como las metas para las que se ahorra. Las metas más comunes, a largo plazo, son la jubilación y la educación; y entre las metas más inmediatas, tenemos la compra de un automóvil, de una casa, o las vacaciones.

Un plan financiero claro, organizado y específico te permitirá evaluar si estás en el camino indicado hacia tus metas, y hacer los ajustes necesarios para ello. Además, una buena organización financiera te permitirá pasar más tiempo con tus amigos y familia, lo más importante en tu vida. Alcanzar metas financieras, como cualquier otra meta, implica la creación de un sistema, la adhesión a un hábito, la constancia y la disciplina. Las metas financieras graduales, son más duraderas que las radicales. Empieza siempre con una meta financiera fácil y gradualmente incrementa su complejidad. El primer paso para un plan bien diseñado, es hacer un inventario de todos tus activos y tus pasivos.

Tus **activos** incluyen tus cuentas, y otras pertenencias materiales que tengan algún valor monetario. En otras palabras, es algo de valor que te pertenece, es algo de lo cual te beneficias, o del cual obtienes alguna utilidad. Hay cuatro tipos de activos: intelectuales (aprender algo nuevo); sociales (compartir tiempo, dinero o experiencia con la comunidad); humanos (la relación con la familia y amigos), y el activo financiero (tu habilidad para manejar tu dinero).

Los **pasivos** son tus obligaciones, préstamos y todo lo que debas. Es la obligación legal de pagar una deuda, como los saldos de tarjetas de crédito, préstamos estudiantiles, préstamos automovilísticos, líneas de crédito, hipotecas y préstamos de negocio.

En otras palabras, los activos incluyen todo lo que te provee (o tiene el potencial de proveerte) dinero. Los pasivos incluyen todo lo que te resta (o tiene el potencial de restarte) dinero. La substracción de tus pasivos del total de tus activos, te dará el monto de tu patrimonio neto. Es muy importante que a lo largo de tu vida evalúes tu patrimonio neto. Ese valor es más que un número, es una medida de tu capacidad.

Es fundamental recordar que, además del valor numérico que podamos obtener como patrimonio neto, debemos hacer una lista de nuestros activos intangibles, aquellos que no son representados por un número, como por ejemplo, tu aporte a la comunidad, tus conexiones sociales, tu educación, y crecimiento personal. Como podrás darte cuenta, tu patrimonio neto vale más que tus finanzas.

La planificación de tus finanzas te ayudará a alcanzar tus metas, lo que en teoría debería acercarte más a la felicidad. Decimos en teoría, porque se ha analizado la relación entre el comportamiento personal hacia el dinero y el nivel de felicidad, y en la gran mayoría de casos se ha confirmado que lo material provee satisfacción inmediata, no duradera. Otros estímulos, como compartir con amigos o familia, proveen un tipo de satisfacción más duradera. La acumulación del dinero y la alegría no crecen proporcionalmente uno con el otro.

Es extraño que en un libro de finanzas nos atrevamos a compartir semejantes aseveraciones, pero lo hacemos porque hay una conclusión básica, indispensable, que debemos tomar en cuenta al planificar nuestras metas: no debemos dejar que nuestro estado de ánimo, nuestra satisfacción, se rija por la realización de un plan o una meta. Los activos intangibles (que mencionamos arriba) brindan una satisfacción más prolongada. Por ello, es necesario planificar y administrar con las mejores herramientas a nuestra disposición. El siguiente paso será hacer un presupuesto y evaluar si existe un déficit o una ganancia extra. Analizaremos esto en el siguiente capítulo.

II. Ejemplos de falta de planificación financiera

Si miramos alrededor del mundo veremos muchos ejemplos de falta de planificación.

1. Grecia – Es un país que en los primeros 15 años de este siglo se sobre-endeudó. Es un país con una alta población mayor de 50 años, con una jubilación temprana y subsidiada por el mismo gobierno. Grecia tuvo que pedir ayuda a otros países de la comunidad europea, los cuales le impusieron fuertes mecanismos y reglas para poder salir adelante. A Grecia le tomará muchos años recuperarse. Debido a la falta de planificación adecuada de sus gobernantes, la economía familiar Griega sufrió las peores consecuencias, en la forma de desempleo y falta de liquidez.

2. En Asia, en los años 90, ocurrió la famosa crisis del Fondo Monetario Internacional (FMI). Este fue el resultado de un efecto dominó, que se inició con el colapso financiero del Baht Tailandés, seguido por la caída del sector inmobiliario, a su vez

causado por la deuda extrema del país. Todo lo cual provocó la bancarrota del estado. Esto llevó a los demás países del área, incluyendo gigantes como China e India, a sufrir severas consecuencias financieras. El patrón común fue el sobre-endeudamiento, consecuencia de la falta de planificación.

3. En América Latina en los años 80, la deuda de los países con las economías más grandes de la región, como Brasil, Argentina y México, tuvo un aumento del interés de hasta 20.4%. Esto hizo que la deuda de estos países se cuadruplicara. Al incremento de la deuda regional se agregó la crisis global del petróleo, por lo que los países de la región no pudieron pagar ni siquiera el costo de mantenimiento de sus deudas, lo que a su vez causó el estancamiento del crecimiento económico en un efecto dominó.

4. Los Rapa Nui, antiguos habitantes de la Isla de Pascua en Chile, desaparecieron luego de que por falta de planificación, sobre-utilizaran las tierras de la isla para el cultivo. Esto los llevó a padecer hambre y en el colmo de la desesperación, al canibalismo.

Desde 1980, los norteamericanos hemos consumido más de lo que hemos producido, y vivimos muy por encima de los recursos financieros a nuestro alcance, ¿podremos autorregularnos?

Es indudable que existen ciclos financieros. No estamos libres de crisis, pero si logramos planificar y manejar nuestras crisis financieras personales, podremos amortiguar los cambios del mercado y la economía en la que vivimos.

En resumen

➢ Para planificar, debemos:

➢ Ser financieramente competentes.

➢ Administrar activamente y conscientemente nuestro dinero.

➢ Saber el valor de nuestro patrimonio neto.

➢ Abrir las cuentas bancarias apropiadas.

➢ Entender sobre el endeudamiento y las clasificaciones crediticias.

➢ Administrar nuestros activos y pasivos.

Testimonios

Gino L, 16 años

Soy de Córdoba, en la Argentina. Todos los días trabajo con mi viejo después de la escuela. Cuando los otros van a la cancha, yo trabajo porque tengo una meta: Ir a la universidad. No es fácil, pero después ya habrá tiempo para lo demás.

Ejercicios

Contesta las siguientes preguntas:

1.   ¿A dónde quieres llegar financieramente? Escribe 3 metas.

_____

_____

_____

_____

_____

_____

2.   ¿En cuánto tiempo quieres llegar? Establece una fecha específica.

_____

_____

_____

_____

_____

_____

3. ¿Qué pasos tendrás que seguir para poder hacer tu meta real?
    Divide los meses en acciones.

_____

_____

_____

_____

_____

_____

_____

4. ¿Cuánto te costará? Calcula el precio de esta meta.

_____

_____

_____

_____

_____

_____

5. Cómo sabrás que estás avanzando? Crea formas de
    recompensarte por tu avance mensual.

Sitios web útiles

www.saltmoney.org/index.html

www.cfp.net

www.bankrate.com

3 ORGANIZARME
¿Cómo?

Primero viene el pensamiento, luego la organización
de ese pensamiento en ideas y planes, luego
la transformación de esos planes en realidad.
El inicio, como ve, está en su imaginación.

Napoleón Hill

Si has alcanzado este capítulo, el tercero, es porque has logrado identificar tu personalidad financiera y su origen, así como las metas que deseas alcanzar, ¡felicitaciones! La gran mayoría de adultos no saben que éstos son pasos esenciales para el éxito financiero.

El siguiente paso es conocer las herramientas que te ayudarán a alcanzar tus metas. Estas pueden ser divididas en dos grandes grupos:

1. El cálculo de tu patrimonio neto financiero
2. La creación de un presupuesto.

I. El patrimonio

Es muy importante que cada año hagas un balance de tu patrimonio neto. No te preocupes si hoy es poco. Lo importante es que lo hagas. Por ejemplo, cuando yo tenía 18 años, mi única posesión de valor eran mis palos de golf. Incluso existen personas que tienen un patrimonio neto negativo (lo cual sucede cuando debes más de lo que tienes). La importancia de conocer tu patrimonio neto radica en que te permite establecer tu punto de partida, y las armas con que cuentas para alcanzar las metas que establezcas para ese año, o a más largo plazo.

Como ya indicamos el patrimonio neto se crea haciendo una lista de tus activos y pasivos.

Activos – Pasivos = Patrimonio Neto

Activos (+)	Pasivos (+)	Monto Neto (US$)
Ahorros US$5,000		5,000
	Préstamos US$5,000	-5,000
	Auto préstamo US$5,000	2,500
Patrimonio neto (US$)		$2,500

Ahora, si le preguntas a un contador sobre el patrimonio neto te dirá que tu patrimonio es un número, una cantidad, y no estará lejos de lo correcto. Sin embargo, deseo que no olvides que tu patrimonio real es más que un número. Tu patrimonio real incluye a los intangibles que mencioné en el capítulo anterior, como el factor humano, intelectual y social en que te desarrollas. Por ejemplo, tus activos (que conforman tu patrimonio neto) crecen cuando obtienes una mejor educación o cuando generas un impacto al ayudar a la comunidad. Recuerda, tu patrimonio neto es mucho más que sólo tus finanzas.

Imagina ahora que quieres hacer un pie de limón. Antes de ir de compras para hacer tu pie de limón, deberás hacer una lista de las cosas que necesitas (una lista escrita o mental) y luego hacer un inventario de lo que ya tienes para que no lo tengas que comprar otra vez. Esta acción se parece mucho al cálculo del patrimonio neto. Si sabes lo que tienes, podrás llegar más rápido a tu meta.

II. El presupuesto

La segunda herramienta para alcanzar tus metas es el presupuesto. Déjame usar un ejemplo muy común en nuestra sociedad. Si alguna vez has intentado bajar de peso, sabrás la importancia de contar las calorías que consumes. De la misma manera, el dinero, como la comida, se consume. Si no cuantificas tu consumo de calorías (como tu uso del dinero) no sabrás el impacto final de ese consumo.

Erróneamente algunos creen que sólo se debe hacer un presupuesto cuando los recursos con los que cuenta una persona son limitados, o en el extremo opuesto, cuando se trata de planificación en grandes empresas. Esto es falso. Todos debemos hacer un presupuesto. Vivir dentro de los parámetros de un presupuesto, no significa que no tengas suficiente dinero. Al contrario: si vives dentro de un presupuesto, tendrás más que suficiente.

Otra concepción errada es que lo más importante en el presupuesto es reflejar que uno genera un mayor ingreso: cuanto más dinero hago, mejor se ve mi presupuesto. Esto es falso, porque lo más importante no es cuánto dinero ganas, sino qué haces con el dinero que ganas. Un presupuesto te ayuda a establecer prioridades. El presupuesto es crítico para alcanzar la independencia financiera. Primero, identifiquemos los componentes más importantes del presupuesto, los ingresos y egresos.

Ingresos (+)	Monto (US$)	Egresos (-)	Monto (US$)
Proyectos	250	Alquiler	750
Regalos	250	Auto	250
Sueldo	1,000	Teléfono	100
		Cine	100
		Restaurantes	200
Total	1,500	Total	1,400
Diferencia (Surplus – Déficit) (US$1,500-US$1,400)			100

Estos conceptos pueden parecer muy evidentes o hasta básicos, pero es necesario que los revisemos para discutir luego, algunos detalles que habitualmente pasamos por alto al momento de hacer nuestros presupuestos. Bajo la columna de ingresos incluye todo lo que ganas: sueldos, regalos monetarios, proyectos de *FreeLancer*, etc. Bajo este rubro también puedes incluir los dividendos e intereses de tus inversiones; o el dinero que obtienes por el alquiler de propiedades o el ingreso de un negocio. La lista bajo la columna de egresos es casi ilimitada, aunque puede ser categorizada en dos tipos: egresos fijos y egresos variables. Los egresos fijos son aquellos constantes, a largo plazo, que no cambian sin importar si cuentas o no con ingresos. Por ejemplo, el alquiler de tu departamento, la cuenta de teléfono o el pago de tu automóvil. Entre los egresos fijos incluimos también a la electricidad, el mantenimiento del hogar, y lo mínimo que necesites para vivir, como alimento y bebida. Por otro lado, los egresos variables son aquellos que dependen de ti. Tú tienes flexibilidad para incurrir en esos gastos. Los egresos variables incluyen las vacaciones, ir al cine, salir a comer a un restaurante, conciertos, o las compras por internet. Coloquémoslo en otros términos. Los egresos fijos **necesitas** hacerlos, los egresos variables **deseas** hacerlos.

Ahora, hay algo muy importante que la mayoría de personas dejan fuera de su presupuesto: el ahorro. Es imperativo que agregues el ahorro a tu presupuesto. Puedes colocarlo bajo la columna de egresos, para que asumas que no cuentas más con ese dinero (aunque en realidad sí cuentes con él). Hacemos esto ya que es muy difícil ahorrar con lo que nos sobra (lo cual ocurre muy rara vez). Puedes hacer un presupuesto mensual y actualizarlo semanalmente, aunque la mayoría de personas hacen uno anual que actualizan mensualmente. Asegúrate de asignar **15%** de tu sueldo al ahorro. Este monto es pequeño considerando que nuestros amigos chinos, ¡ahorran en promedio el 50% de sus ingresos! Un ahorro del **15%**, es lo mínimo necesario para un buen ahorro. Además es imprescindible que tengas como meta ahorrar al menos seis meses de gastos fijos, en caso de que te quedes sin trabajo o cualquier otra eventualidad. Es importante recordar que el ahorro no implica anular completamente las diversiones, sino encontrar formas más económicas, o con la frecuencia adecuada, para disfrutar dentro de tus medios. La disciplina en este punto es fundamental, y es de gran ayuda que mantengas tus metas en mente al momento de preparar tu presupuesto.

No olvides que, al preparar tu presupuesto debes tomar en cuenta el pago de impuestos por el sueldo que recibes. Estos varían dependiendo del país. En Estados Unidos la cifra puede llegar a un 50% (federal, estatal, pensión, seguro, etc.). Por ejemplo si ganas US$1,000 y en realidad recibes en tu cuenta US$800, tu presupuesto deberá considerar los US$800, no los US$1,000 para poder planificar tus gastos. Además, si asignas a tus gastos fondos de emergencia o de jubilación, debes agregarlos a tu presupuesto. Cuando tratas de perder peso debes comer menos o hacer más ejercicio. Del mismo modo, cuando tratas de ahorrar dinero, debes gastar menos o ganar más. Lo óptimo es hacer ambos al mismo tiempo.

Luego de crear el presupuesto, viene lo más difícil: Vivir de acuerdo a ese presupuesto. No salgas de sus límites. Al final de unos meses podrás ver los frutos en la forma de ahorro, y podrás usarlo para cualquiera que sea el objetivo que te trazaste. Con la ayuda de un presupuesto, llegarás más rápido a ese objetivo con mas seguridad.

En resumen

- ➤ Sé disciplinado y realista con tu presupuesto.

- ➤ Vive por debajo de tus ingresos.

- ➤ Asigna un porcentaje de tus ingresos para el ahorro antes de hacer cualquier otra cosa con ese dinero.

- ➤ Establece un depósito automático o transferencia de tu cuenta corriente a tu cuenta de ahorros. Luego, finge que no existe por un tiempo. Fuera de la vista, fuera de tu mente.

- ➤ Necesitas acumular seis meses de ahorros en caso de emergencia. Cuando llegues a ese importe, empieza a ahorrar para tu libertad financiera y cualquier otro gasto que desees de acuerdo con tus metas.

- ➤ Justifica tus compras (¿lo necesitas, o lo quieres?)

Testimonios

Giovanna C, 22 años

Yo soy de Santiago, en la República Dominicana. Llegué a New York hace 8 años y hace un semestre que estudio en la universidad. ¿Cómo pago mis estudios? Trabajo con mi madre limpiando oficinas de noche y voy a clases durante el día. Así pago un préstamo universitario. Lo que debo al préstamo ahora es mucho menos, porque ahorro casi todo lo que gano.

Ricardo T, 23 años

Yo soy peruano. Crecí en el puerto del Callao. Cuando iba a la escuela en Lima, tenía que tomar una combi (bus). Mi padre me daba 10 soles al día (casi 3 dólares) para comida y transporte. ¿Cómo lo estiraba? Con un presupuesto. Si me gastaba mucho en uno, no me alcanzaba para el otro.

Ejercicios

1. Haz una lista de tus activos y pasivos a la fecha.

Activos y montos   **Pasivos y montos**

_____   _____

_____   _____

_____   _____

_____   _____

2. Agrégalo a la tabla de abajo y calcula tu patrimonio neto.

Activos (+)	Pasivos (+)	Monto Neto (US$)
Patrimonio neto (US$)		

3. Imagínate como será tu patrimonio en 5 años o 10 años y escribe los detalles aquí:

_____

_____

_____

_____

_____

_____

_____

4. Ahora has una lista de todos tus ingresos y egresos.

Ingresos y montos   **Egresos y montos**

_____   _____

_____   _____

_____   _____

_____   _____

_____   _____

5. Agrégalo al formato de abajo y calcula si tienes un déficit
    o *surplus*.

Ingresos (+)	Monto (US$)	Egresos (-)	Monto (US$)
Diferencia (Surplus – Déficit)			

6. Imagínate como será tu presupuesto en 5 años o 10 años y
    escríbelo aquí:

_____

_____

_____

_____

_____

_____

_____

Sitios web útiles

www.mint.com
www.budgetsimple.com
www.hellowallet.com
www.weforum.org
www.money.cnn.com
www.quicken.intuit.com

4

EL AHORRO
¿Cómo y Dónde?

La riqueza no consiste en tener muchas posesiones,
sino pocos deseos.

Epícteto

El ahorro es la habilidad de esperar a fin de obtener algo que uno quiere. Esto no es natural en los seres humanos. Por el contrario, la gratificación inmediata es parte de nuestro instinto primario (por ello los primeros humanos cazaban sólo cuando tenían hambre). Esto explica nuestro comportamiento actual, nuestro impulso por obtener lo que está de moda, en ocasiones incluso, a precios mayores que los del mercado. Al ahorrar y practicar la gratificación pospuesta, (por ejemplo, esperar para jugar un video juego hasta haber terminado tu trabajo) y hacer de esto un hábito, incrementarás tus posibilidades de lograr tus metas a lo largo de tu vida. La espera y la paciencia dan sus frutos al final.

El ahorro es frecuentemente confundido con lo que sobra, y en verdad es exactamente, lo opuesto. Uno debe destinar dinero para el ahorro primero, antes de gastar. El ahorro debe ser parte de nuestro presupuesto. Recuerda que ahorrar **15%** de nuestros ingresos es aceptable, 20% o más es ideal.

Otra equivocación sobre el ahorro es que frecuentemente se confunde con la inversión. Ahorrar e invertir son dos cosas muy diferentes. Es cierto que están relacionadas pero son conceptos distintos. Un ejemplo nos ayudará a ilustrar esta diferencia.

Todos los meses yo ahorro US$100 para mi jubilación y con ello se compran acciones de un fondo mutuo. Esa es una inversión. Ahora, si cada mes coloco US$100 en mi cuenta de ahorros y no invierto ese dinero, eso es ahorro.

El ahorro no tiene que ir necesariamente a una cuenta de ahorros ya que ahorrar, como mencionamos antes, incluye la formación de un hábito. Este hábito puede incluir la búsqueda de ofertas, cupones o descuentos en las tiendas que solemos usar, o buscar los lugares en los que es más conveniente comprar ciertas cosas (como los *outlets*).

Yo practico esto: cada año en el mes de diciembre, la tienda que vende las carteras que me gustan ofrece un cupón extra del 40% para comprar sus productos. El ahorro ha cambiado mucho en los últimos tiempos y está cada vez más lejos del recordado "chanchito" con el que ahorrábamos de niños. La vida digital lo ha cambiado. Al final de este capitulo encontrarás sitios donde podrás encontrar alternativas para hacerlo virtualmente. Por último, quiero aclarar un punto que a muchos incomoda cuando se habla del ahorro. El ahorro es frecuentemente confundido con la avaricia. No dudo que éste sea el caso de muchos ahorradores empedernidos, pero existe una diferencia fundamental entre la avaricia y el ahorro organizado. El último tiene un propósito, el primero no. Es más, es casi imposible ahorrar sin un propósito, ya que para lograr ahorrar se necesita motivación. Es muy fácil dejar de ahorrar si esta motivación no existe, y sólo en casos

extremos se puede ahorrar sin motivación, lo que eventualmente se traduce en avaricia. Escoge algo que te guste y que te haga bien para hacer realidad tus ahorros. Recuerda, el ahorro es un medio, no un fin. Esa es la manera más fácil de diferenciarlo de la simple avaricia.

En un taller con jóvenes empresarios una muchacha, Aída, mencionó que tenía dificultad ahorrando. Cuando le pregunté sobre la última vez en que había ahorrado, ella me contó que lo había hecho hacía 2 años, para unas vacaciones en crucero largamente planeadas con sus amigas. Cuando le pregunté sobre su meta actual, no supo responder mi pregunta. Para ahorrar es indispensable la motivación.

Otra pregunta que contesto frecuentemente es si se puede ahorrar para distintas metas al mismo tiempo. Por supuesto. Es cierto que requiere más concentración y compromiso de nuestra parte, pero si asignamos un porcentaje de nuestro ahorro, por ejemplo, para el estudio, otro para hacer empresa, y un tercero para las vacaciones, podemos lograr varias metas al mismo tiempo. Es justamente aquí que el ahorro *on-line* es muy útil, ya que nos permite, automáticamente, asignar un porcentaje de nuestros ingresos para cada una de estas metas. Como ya mencionamos, hemos creado una lista con las sitios web más útiles con este fin, pero existen otras formas. Revisa el sitio web de tu banco. La gran mayoría de bancos ofrece este servicio de forma gratuita, lo que te permitirá asignar una cantidad periódica a tus metas.

Los montos que asignes a estas metas no tienen que ser altos y tus ingresos tampoco necesitan ser altos. Sólo necesitas ser muy organizado (te recomiendo hacer uso de la tecnología) y tener claras tus metas.

Yogi Berra, el famoso *catcher* de los *New York Yankees* dijo alguna vez "*Si no sabes a dónde vas, puedes terminar en algún otro sitio*". Nada más

cierto cuando se trata del ahorro. Un ejemplo de ahorro múltiple se
vería así:

Meta y fecha	Meta (US$)	Mensual (US$)
Maestría en 5 años	20,000	300
Vacaciones en 1 año	1,000	80
Jubilación en 40 años	1,000,000	220

Cada etapa de nuestras vidas requiere un tipo de ahorro diferente.
Quienquiera que diga que ha ahorrado de la misma manera toda
su vida se está mintiendo, o no ha evolucionado en lo más mínimo.
Las formas de ahorro cambian a lo largo de la vida porque nosotros
también cambiamos. Nuestras prioridades son diferentes y por ende
lo son también nuestras metas, lo cual, como ya mencionamos, es un
ingrediente indispensable para el ahorro.

A continuación algunas ventajas y desventajas del ahorro y algunos
tipos de inversión comunes en los Estados Unidos.

Ahorros e inversiones. Ventajas y Desventajas

Tipo de cuenta	Ventajas	Desventajas
Ahorros	Capital líquido	No es una inversión muy rentable (el dinero no crece rápidamente)
Fondo de Jubilación (401K)	Beneficios sobre los impuestos del depósito y del crecimiento	Penalidades (si retiras el dinero antes de tiempo)
IRA	Posible deducción de impuestos del depósito y crecimiento diferido	Penalidades (si retiras el dinero antes de tiempo)
Inversiones	Compra de acciones o fondos. Diversidad de opciones	No hay deducción de impuestos y puedes retirar el dinero con más facilidad

Ideas para generar dinero virtualmente

Si deseas generar más dinero, tu presencia virtual es fundamental. Empieza con preparar tu perfil en un sitio web como *LinkedIn*. Las redes sociales son tu entrada, tu carta de presentación a los gerentes de recursos humanos de distintas compañías. Date tiempo para escoger la foto de tu perfil y el contenido que vas a compartir. Asóciate con profesionales y amigos que sean influyentes en tu carrera y en la comunidad en general; pídeles que te presenten a otras personas que desees conocer en línea e identifica tu meta. Sitios como *LinkedIn* pueden ser una inspiración si revisas los perfiles de los líderes de la industria en la que te estás desarrollando. Para ello deberás crear una presencia permanente y relevante en tu área de interés. Por ejemplo, si tu pasión es ayudar a los delfines, busca asociarte con personas e instituciones semejantes, escribiendo en su blog o compartiendo artículos sobre la protección de estos animales. El esfuerzo de preparar un perfil en redes sociales dará sus frutos.

Existen muchos otros sitios web que te permiten generar recursos por servicios que puedas ofrecer. Sitios como enroll.com es una de ellas; si eres creativo Etsy.com es un portal en el que puedes vender tus manualidades a todo el mundo; fiverr.com es un sitio donde ofrecer tus servicios de traducción, edición u otros servicios; shutterstock. com, 123rf.com o   dreamstime.com te permiten vender tus fotos y vídeos en línea; swagbucks.com te paga por responder encuestas en línea; projectpayday.com y usertesting.com te permiten probar distintos productos y generar ingreso de esta manera; si te gusta escribir y eres bueno en gramática puedes visitar sitios como elance. com. Por último, si lo tuyo es enseñar, italk.com es una muy buena opción. Las oportunidades son innumerables. Hay un sitio web para cada área de interés. Depende de ti, hallar tu mejor opción.

En resumen

- ➢ El ahorro depende de tus metas.

- ➢ Ahorro sin un propósito fijo tiene el riesgo de convertirse en avaricia.

- ➢ Es aceptable ahorrar 15% de nuestros ingresos. Es ideal ahorrar 20% o más de nuestros ingresos.

- ➢ El ahorro cambia. Es normal que cambien nuestras metas y nuestras formas de ahorro mientras avanzamos en la vida.

- ➢ Utiliza el ahorro en línea. Te ahorrará más de un dolor de cabeza.

Testimonios

Nicolás L, 37 años

Yo ahorro 1 peso por cada 10 que gano. No te imaginas cómo me duele porque me da ganas de gastármelo, total es fruto de mi trabajo. Pero me aguanto porque tengo una hija de 2 años y sé que con esa plata, algún día, le pagaré sus estudios universitarios.

Andrés M, 26 años

Yo soy de Irapuato en México. Llegué a los Estados Unidos con una sola meta: ahorrar lo más que pueda para ayudar a mi madre y mis hermanas y regresar a mi país. Yo no me quiero quedar aquí por siempre, aquí se vive para trabajar, no se disfruta. Por eso antes de comprar algo siempre pienso, ¿puedo vivir sin esto? Si la repuesta es sí, pues no lo compro.

Jonás Z, 21 años

- La verdad yo no ahorro, y no me preocupa mucho. Con lo que gano me alcanza para vivir tranquilo.

- ¿Has pensado qué pasaría si algo malo te pasa? ¿Cómo vivirías?

- Bueno... ya pensaré en eso cuando suceda.

Ejercicios

1. ¿Estás ahorrando? Si es así, ¿Para qué?

2. Si aún no estás ahorrando ¿Para qué te gustaría ahorrar? ¿Cuál es tu siguiente meta?

3. ¿Qué pasos estas tomando para alcanzar tu meta?

4. Calcula el monto mensual que deberás destinar y la fecha en la que quieres llegar a tu meta.

5. ¿Cómo puedes alcanzar esta meta más rápidamente?

_____

_____

_____

Utiliza la siguiente tabla para organizar tus finanzas:

Meta y fecha	Monto total a alcanzar	Ahorro mensual

Sitios web útiles

www.ahorrodiario.com

www.afindemes.es

www.notengosuelto.com

www.smartypig.com

5

PRÉSTAMOS Y DEUDAS
¿Cómo controlarlos?

Bienaventurados sean los jóvenes,
porque ellos heredarán la deuda nacional.

Herbert Hoover

Recientemente me invitaron a una entrevista sobre cómo llegar a la jubilación sin deudas. Lo primero que pensé fue, ¿qué significa la jubilación? Para muchos significa no tener que ir a trabajar a ese sitio que les desagrada; para otros es dejar de levantarse temprano; hay quienes piensan en la jubilación como una ocasión para pasar más tiempo con sus seres queridos; y para otros, la jubilación nunca llega porque les encanta su trabajo, los mantiene vivos. La jubilación, a mi entender, no es un evento sino una oportunidad. La oportunidad de usar nuestra experiencia aunada a la libertad.

Ahora, podemos remplazar la palabra jubilación por "independencia financiera". La diferencia fundamental es que para esta última no debemos esperar a los 65 años, ni tampoco dejar de trabajar. Esta es la meta de muchos jóvenes hoy en día.

¿Cómo llegar a la independencia financiera? Evaluar tus gastos y tus deudas es clave. Tus compras deben ser categorizadas en dos grupos: **gastos de consumo** (como comida, ropa, o gastos fijos) y **gastos de capital** (gastos para mejorar algún bien que ya tienes, como hacerle mejoras a tu casa, comprar algo para hacer crecer tu negocio, o incluso una computadora para tus finanzas). Los gastos de capital deben tener un límite, siempre. Este límite lo estableces tú mismo. Es importante distinguir mensualmente entre estos dos tipos de gastos, para establecer el tipo de pago que usarás para cada uno de ellos.

Para los gastos de consumo, puedes usar cualquiera de estas modalidades ampliamente conocidas: el efectivo, la tarjeta de débito, o el cheque. Para los gastos de capital puedes usar el crédito. El crédito te dará más flexibilidad al momento del pago. Muchas personas confunden fácilmente estos dos gastos y terminan cargando los gastos de consumo en las tarjetas de crédito y endeudándose sin necesidad. Un ejemplo: Anita entra a una tienda a comprar una licuadora, sin embargo, en la entrada encuentra un televisor nuevo en venta y recuerda, de repente, que su televisor ya está viejito y necesita ser cambiado. El aviso dice "TV pantalla plana, último modelo. Precio normal: US$2,000. Oferta, sólo por hoy: US$1,799". Anita piensa que es una gran oferta. Decide adquirir el televisor. Al llegar a la caja le ofrecen pagarlo al crédito, "si aplica a nuestra tarjeta de crédito, no tendrá que hacer pagos en dos años", le dicen. Ella acepta feliz, porque ahora tiene un televisor que no tendrá que pagar por 2 años y aún tiene efectivo para gastar en otras cosas.

Luego de 2 años, Anita revisa su estado de cuenta y se encuentra con que debe US$2,901.61 por el televisor, ¿por qué? ¡Ella compro su televisor en descuento por US$1,799!

En ese momento Anita no tiene cómo pagar la deuda, llama al departamento de contabilidad de la tienda y pide una extensión por un año más, sin pagos, que resulta en un balance de US$3,685 (el doble de lo que le costó el televisor inicialmente).

Si colocamos la situación de Anita en un cuadro se vería así:

Compra a 27% interés	Balance año 1 (US$)	Balance año 2 (US$)	Balance año 3 (US$)
US$1,799 (incluye impuesto y plan de protección)	2284.73	2901.61	3685.04

Quiero utilizar otro ejemplo para ilustrar mi punto. Un problema común es el de los teléfonos. Sobre todo cuando cambiamos de modelo. Imagínate que compras un iPhone , porque te cansaste de tu iPhone antiguo, o simplemente porque te gusta estar al día con la tecnología. Imagínate que pagas US$699 por tu nuevo iPhone y, ya que no tienes efectivo, decides usar tu tarjeta de crédito. La tarjeta de crédito te ofrece un periodo de gracia de 12 meses sin pagos. Olvidaba una cosa, imagina que tu amigo Ben fue contigo a comprar el mismo iPhone. Él también quiere uno, pero a diferencia de ti, Ben estuvo ahorrando desde hacía un año para comprarlo. Mira la diferencia entre lo que Ben y tú terminaron pagando por el iPhone:

	Ben (efectivo. US$)	Tú (tarjeta. US$)
Precio del iPhone	699	699
Deuda. Primer año	0	878
Deuda. Segundo año	0	1,127

Tú terminarás pagando US$1,127 después de dos años, es decir el doble del precio inicial, por algo que no necesitabas, sino que querías. Evaluar qué compras y cómo lo pagas es clave para poder evitar las deudas malas. La deuda mala es aquella que se devalúa con el tiempo y que no nace de una necesidad, sino de un deseo. A diferencia de la deuda buena, que sí genera ingresos. Por ejemplo, si tienes un negocio en el que se necesita un televisor y adquieres una deuda para comprar este televisor, que a su vez generará más ingresos, (mediante nuevos clientes), entonces se trata de una deuda buena. La mayor parte de las deudas buenas se aprecian con el tiempo. Ejemplos de deuda buena son los préstamos para tu educación, un automóvil para ir a trabajar, o un préstamo para empezar tu negocio o comprar una casa.

Otro aspecto muy importante son los términos de las deudas. Cuando incurres en un gasto por consumo y no tienes otra opción que usar tu tarjeta de crédito, debes pagar el monto total de la deuda en un máximo de 3 a 6 meses. Esa debe ser tu meta para evitar que el balance aumente tanto que no puedas pagarlo, o que el costo total de lo adquirido aumente exageradamente. Evalúa los beneficios que te da tu tarjeta de crédito además de la tasa de interés (como los servicios que ofrecen). Toma en cuenta los siguientes puntos a la hora de elegir una tarjeta de crédito:

➤ Tasa de interés menor del 30%, si es posible.

➤ Multa por pagar tarde o por pasarte del límite (existen mecanismos para que te alerten antes por email).

➤ Millas, puntos o efectivo por tus compras y costo anual.

➤ Protección en caso de robos (la mayoría de tarjetas tienen protección por encima de los US$50. Muchas veces las compañías de tarjetas de crédito asumen el gasto siempre y cuando el cliente llame a tiempo).

➤ Cobertura internacional y cobros extras.

➢ Penalidad por retiro de efectivo.

➢ La presencia de un chip en la tarjeta para que no la clonen.

➢ Flexibilidad para cambiar la estructura de pago.

Durante la crisis económica del año 2008 en Estados Unidos, muchas personas habían comprado sus casas con préstamos del 100%, 95% o 85% del total de la deuda, es decir menos de un 20% de adelanto. Cuando el mercado cayó en un 30% a 50%, muchos perdieron sus casas porque ya no valían el monto por el que las compraron. Por ello, si deseas comprar un departamento de US$150,000 por ejemplo, es recomendable que tengas al menos US$30,000 en efectivo para comprarlo, en caso surja una corrección de 20% en el mercado que pueda afectar el valor de tu propiedad. Un consejo más, tus gastos anuales inmobiliarios no deben ser mayores al 35% de tus ingresos totales. De esa manera puedes estar seguro de que podrás pagar la deuda.

Evaluemos este ejemplo: Simón no tiene un buen crédito. El no paga sus tarjetas a tiempo, casi siempre se pasa del límite y vive por encima de lo que gana. Sara es lo opuesto. Ambos están comprando departamentos similares, de US$150,000, a pagar en 30 años. Estas son las tasas de interés a las que cada uno califica:

Condominio de US$150,000 a 30 años	Sara (6%) (US$)	Simón(9%) (US$)	Diferencia (US$)
Mensual	899	1,207	308
Total deuda capital	323,757	434,496	110,739

Como se ve en este ejemplo, los buenos hábitos financieros le ahorraron a Sara US$308 mensuales y más de US$110,000 del préstamo total. Seguir estos consejos te ahorrará mucho dinero y te abrirá puertas hacia más oportunidades.

I. Los préstamos

Son excelentes opciones cuando quieres desarrollar un proyecto mayor (como comprar una casa o ir a la universidad). La mejor manera de asegurarte de no terminar con una gran deuda por préstamo, es saber elegir el préstamo que mejor se adapte a tu capacidad de pago y tus necesidades. Existe una gran variedad de préstamos pero hay ciertos puntos comunes que nos permiten diferenciar un buen préstamo de uno malo. Aquí hallarás algunos datos que debes tomar en cuenta antes de solicitar un préstamo:

1. **TEA.** Es el nombre que tiene la tasa de interés que pagarás por tu préstamo. Tienes que poner atención a la TEA para elegir un préstamo que se adapte a tu presupuesto.

2. **Costos.** Cada tipo de préstamo tiene costos administrativos y de mantenimiento. Estos varían considerablemente de una institución financiera a otra. Solicita esta información antes de seleccionar un préstamo.

3. **Seguros.** En algunos casos, deberás pagar un seguro de invalidez o muerte para garantizar a la institución financiera que el préstamo le será devuelto. Parte del costo de tu préstamo está compuesto por el pago del seguro, y es importante que conozcas las condiciones de ese seguro.

4. **El tipo de préstamo.** Los tipos de préstamos son tan variados como los motivos que nos llevan a solicitarlos. No pretendo presentarles detalles enciclopédicos de cada uno de estos tipos de préstamo, sino presentar los más comunes y sus características básicas.

    A) **Los préstamos personales.** Son de libre disponibilidad; lo que quiere decir que puedes utilizarlos cuando los necesites y para lo que necesites. Este tipo de préstamos no cuenta con una garantía, lo que acarrea un mayor riesgo para quien te ofrece el préstamo. Por ello, los intereses pueden llegar a ser mucho mayores.

    B) **Los préstamos hipotecarios.** Están destinados a comprar una propiedad o bienes raíces, la que quedará en garantía en caso de que no puedas pagar el crédito. Es mejor pagar estos préstamos a corto plazo, porque las fluctuaciones del mercado pueden hacer que al final, la deuda sea mayor que el costo de la propiedad.

    C) **Los préstamos vehiculares.** Puedes usarlos para comprar un vehículo nuevo o usado. Usualmente piden un porcentaje del valor del vehículo como enganche y luego pagas mensualidades. Busca un crédito con tasa fija para asegurarte de que los pagos mensuales sean siempre de la misma cantidad.

    D) **Los préstamos empresariales.** Se usan para desarrollar un proyecto, abrir o hacer crecer un negocio; como los que se dan a pequeñas y medianas empresas. Este tipo de préstamos se ofrecen con un interés muy bajo, dependiendo de la entidad y el colateral.

E) **Los préstamos estudiantiles.** Ten mucho cuidado con el interés de los préstamos estudiantiles y cuánto tiempo después de graduarte esperan que comiences a pagar este préstamo.

Usa tu deuda con prudencia. La deuda puede ser una fuerza positiva para crecer en tu vida, si la sabes utilizar bien. Tener la disciplina para definir tus necesidades antes de utilizar un préstamo, te ayudará a alcanzar más rápidamente la independencia financiera. El mejor consejo que te puedo dar, es tener sólo una tarjeta de débito y una tarjeta de crédito, y mantener toda tu deuda por debajo del 20% de tus ingresos. Para lograr esto, necesitaras tener la disciplina de seguir un presupuesto. En cuanto a las tarjetas de crédito, como ya lo mencioné, te recomiendo que jamás mantengas un importe mayor del que puedas pagar de tres a seis meses. Idealmente debes tener una o dos tarjetas de crédito como máximo, y nunca gastes más del 50% de tu línea de crédito. La deuda promedio de tarjetas de crédito en los Estados Unidos es de US$ 15,799, y el 46 % de los estadounidenses tienen un saldo de deuda que acarrean de mes a mes. Por ello, no es de sorprender que el saldo promedio de tarjeta de crédito de los estudiantes universitarios al momento de su graduación, sea US$4,100. Existen cuatro opciones de pago de tarjetas de crédito y de las deudas en general:

1. **El pago mínimo.** El problema de esta opción es que la deuda continuará creciendo y el plazo para pagarla se extenderá por muchos años.

2. **El pago parcial con amortización**. Pagarás parte de la deuda, además de los intereses, pero crearás un buen historial crediticio.

3. **El pago total.** No genera intereses y crea un mejor historial crediticio.

4. **Consolidar la deuda.** Significa obtener un préstamo personal con intereses más bajos y utilizarlo para cubrir la deuda de la tarjeta de crédito. Esta es la última opción que debes considerar.

Las condiciones del mercado cambian cada mes, por ello permanecer informado es una tarea clave.

II. La clasificación crediticia

La clasificación crediticia es un número, un valor que te asignan las instituciones financieras, mediante el cual califican el riesgo que tendrían al prestarte dinero. Al igual que la reputación, toma muchos años establecer un buen historial crediticio y éste es muy fácil de perder.

Un sólido historial crediticio es vital para tus futuras transacciones financieras. Un mal historial crediticio significará intereses más altos y que te nieguen préstamos y tarjetas de crédito. El historial crediticio te afecta no sólo cuando compras un auto o una casa, sino incluso cuando solicitas un seguro vehicular o cuando alquilas un departamento o una casa. En los Estados Unidos, es posible además, que un potencial empleador solicite tu historial crediticio como referencia (dependiendo de las leyes estatales). Las claves para un buen historial crediticio son, pagar tus cuentas a tiempo, mantener saldos bajos en las tarjetas de crédito y pagar más que el valor mínimo que debes.

En los Estados Unidos los historiales crediticios son administrados por tres instituciones: Equifax, Experian, y TransUnion. Por ley, los norteamericanos tienen acceso a un reporte anual del estado de su crédito, sin que ello afecte su clasificación crediticia. Si estás en los Estados Unidos, aprovéchalo. Ahora, si en algún momento no tienes más opción que la bancarrota, recuerda que esto puede afectar tu crédito hasta por los siguientes 10 años.

III. Deudas para la educación

Muchos jóvenes, y también muchos padres, se ven en la encrucijada de cómo acceder a una educación universitaria. Recibo preguntas constantes sobre este tema. Esto es especialmente importante en la comunidad latina de los Estados Unidos donde el porcentaje de latinos se espera que llegue al 30% de la población del país para el año 2050, y cada vez un mayor porcentaje de latinos tiene acceso a la educación superior. Aquí algunos consejos sobre los préstamos estudiantiles:

1. Existen miles de opciones financieras para estudiar en los Estados Unidos. Te aconsejo que primero revises estas dos opciones que presento antes de navegar la Internet, en busca de otras para acceder a la educación superior:

    ➤ Para obtener ayuda federal: www.fafsa.ed.gov. Aplica a la Ayuda Estudiantil Federal (FAFSA). Completa la solicitud tan pronto como te sea posible después del 1º de enero de tu último año de escuela secundaria.

    ➤ Para información sobre becas para latinos: www.tuspalabrasdehoy.org

2. Una buena herramienta para evaluar un fondo de inversión para la educación es www.savingforcollege.com

3. Busca la fuente de fondos con el menor costo.

4. Averigua sobre modos de obtener dinero para tu educación que **no** tengas que devolver después. Sí, aunque no lo creas, en los Estados Unidos existe esta opción, la que incluye becas, subvenciones, ganancias por trabajar mientras estudias, o incluso cuentas de ahorros.

5. Si vas a pedir un préstamo sólo pide prestado lo que necesites. Has un estimado del costo de tu educación universitaria antes de aplicar al préstamo. En él debes considerar:

    ➤ Costos directos: La pensión (*tuition*), y costos de hospedaje y comida.

    ➤ Costos indirectos: Libros, transporte, seguro médico y necesidades personales.

6. Los préstamos federales son la mejor fuente de préstamos. Considéralos sólo después de haber buscado becas y subvenciones. Son buenas opciones porque tienen tasas de interés bajas y fijas (aproximadamente 3.4% al momento de escribir este libro). Además tienen planes de pago flexibles y se te puede perdonar parte de la deuda si trabajas en sectores públicos después de graduarte. Cualquier estudiante residente puede aplicar a un préstamo federal (www.studentaid.ed.gov).

7. Evita los préstamos privados a todo costo, o sólo úsalos como tu último recurso. No son iguales a los préstamos federales. Sus tasas de interés son variables y pueden alcanzar hasta 12%. Tienen requerimientos estrictos de pago, aún si no tienes trabajo al graduarte, además de costos adicionales. Las tasas de interés en este tipo de préstamos pueden incrementarse de repente, sin advertencia y sin flexibilidad de pago, ni perdón de deudas.

8. Reduce tus costos educativos. Asiste a universidades estatales con colegiaturas menores para residentes del estado, o inscríbete en programas de tres años en lugar de otros más largos. Considera además, asistir a un colegio comunitario (*Community College*) por 2 años y después transferirte a una universidad de 4 años. Si planeas ir primero a un colegio comunitario, asegúrate de que los créditos (puntos obtenidos por clase) sean transferibles. Muchos colegios comunitarios también tienen convenios de admisión garantizada con algunas universidades. Averígualo antes de inscribirte. Así podrás completar tu educación universitaria por apenas una fracción del costo. Recuerda, ir a la "universidad de tus sueños" es importante, pero también lo es evitar caer en bancarrota después de tu graduación. Para escoger la universidad que más te convenga puedes revisar la siguiente página: **espanol.consumerreports.org/content/cre/es/dinero/general/Encuentra_la_mejor_universidad_para_ti.html**

9. No utilices tu tarjeta de crédito para financiar tu educación. Las tarjetas de crédito son la fuente más cara de recursos. Debes evitar usarlas en lo absoluto.

En el 2007, el gobierno creó el *Pago Basado en Ingresos (IBR)* para estudiantes con grandes deudas que necesitaban más de 10 años para pagarlas. Bajo este plan, todos tus préstamos federales, y tus pagos de deuda mensuales serán descontados como un porcentaje modesto de tu ingreso mensual. Después de un período continuo de pago de 20 a 25 años, el resto de la deuda que no ha sido pagada será perdonada. Esta cantidad perdonada puede ser considerada como ingresos sujetos a impuestos por el IRS (La oficina de impuestos de los Estados Unidos). Los préstamos privados **no** son elegibles para este programa.

No mezcles préstamos federales con préstamos privados para pagar tus estudios, o perderás esta opción importante de pago.

Si terminas trabajando en cierto tipo de empleos de interés público, como empresas gubernamentales o sin fines de lucro, podrías calificar para el programa de *Perdón de Deudas por Servicios Públicos* (PSLF). Bajo el PSLF, si realizas 120 pagos de tu deuda (o el equivalente al pago de 10 años) bajo el plan IBR, mientras trabajes por tiempo completo en sectores laborales elegibles, como empresas gubernamentales y de interés público, se te puede perdonar la deuda restante. En este último caso la cantidad perdonada no será sujeta a impuestos más adelante. Desde el 2012, los pagos mensuales son sólo 10% de tus ingresos. Existen ciertas restricciones para ser elegible para el PSLF.

Para más información visita el sitio web: studentaid.ed.gov/ibr. También puedes buscar información en el "Asistente de Pago de Deuda Estudiantil" del Buró Financiero de Protección al Consumidor (CFPB), una herramienta interactiva para prestatarios de préstamos privados y federales para determinar la mejor manera de pagar sus deudas. La página web es: http://www.consumerfinance.gov/students/repay

El gobierno ha implementado una herramienta más. El IRS permite utilizar los planes 529 para que futuros estudiantes o sus padres, ahorren dinero antes de empezar la universidad. Existen planes **pre-pago 529 y planes de inversión 529.** Los planes pre-pago 529 permiten pagar tu educación universitaria en un estado de los Estados Unidos, por adelantado. Los planes pre-pago 529 te permiten hacer contribuciones fijas. El valor de tu contribución paga tu educación. El plan se compromete a pagar el costo anual de tu educación, a cambio de una sola suma grande o varias sumas pequeñas periódicas de tu parte. Con los planes pre-pago 529 tu no estarás invirtiendo en la bolsa. No tendrás ninguna participación u obligación en la selección de cualquier inversión que se haga o los impuestos derivados de ésta.

Los planes de inversión 529 son distintos. Son una alternativa que te permite invertir tu dinero en un fondo educacional. Tu dinero es invertido en un portafolio. No hay garantía de que el monto final alcanzará para pagar tu carrera. La inversión y la contribución están estructuradas para que sea una forma complementaria a tu fondo de educación. El beneficio de este plan es que crece y se distribuye libre de impuestos. Por lo general este tipo de ahorro es para universidades privadas y estudios de post grado.

En resumen

➢ Evita usar tu tarjeta de crédito en lo posible, pero si debes hacerlo no utilices más que el 50% de tu línea de crédito y asegúrate de pagarlo en 3 a 6 meses.

➢ La deuda y los préstamos pueden ser una gran ayuda en tu vida, si los manejas bien. Escoge un préstamo que te permita crecer financieramente.

➢ Planifica antes de solicitar un préstamo.

➢ Utiliza los instrumentos disponibles para pagar una educación universitaria. La educación es quizás tu mejor inversión.

Testimonios

Yomar C, 22 años

Fue difícil. Yo pensé que no tendría problema en obtener un préstamo universitario. Pero me lo negaron. Nunca antes había revisado mi crédito. Ni siquiera sabía lo que era. Ahora sé que era importante hacerlo. Mi única esperanza para ir a la escuela, es aplicar a una beca.

Carlos Alberto P, 20 años

Mi papá odia las tarjetas de crédito. Siempre me decía que las tarjetas de crédito "son cartoncitos que te engañan haciéndote creer que tienes dinero". ¿Sabes qué hice cuando recibí mi primer sueldo? Le compré una televisión enorme a mi papá. ¿Cómo la pagué?, con mi primera tarjeta de crédito. Mi papá no lo sabe. Pero ahora que debo pagarlo mensualmente, entiendo a lo que él se refería.

Ejercicios

1. Haz una lista de 5 de tus gastos y categorízalos entre gastos de consumo y gastos de capital.

Gasto	Capital	Consumo

2. Practica cómo ahorrar en tus compras calculando el costo final de una laptop pagada al crédito, sin pagos por los primeros 3 años. Puedes usar las calculadoras financieras que sugerimos en la sección de referencias.

Compra a 27% interés	Balance año 1 (US$)	Balance año 2 (US$)	Balance año 3 (US$)
US$500 (incluye impuesto y plan de protección)			

3. Calcula la diferencia de precios entre pagar al contado y
    a crédito.

	Efectivo (US$)	Tarjeta (US$)
Precio de laptop	500	500
Deuda. Primer año		
Deuda. Segundo año		

4. Calcula el pago mensual y el capital total de una casa de
    US$250,000.

Casa a pagar en 30 años	6%	9%
Pago mensual		
Total capital		

*Respuestas abajo

5. Contesta lo siguiente:

    _____

    _____

    a) ¿Cuántas tarjetas de crédito tienes?

    _____

    _____

    b) ¿Cuál es su tasa de interés?

    _____

    _____

c)   ¿Cuál es tu balance?

_____

_____

d)   ¿Cuál es tu pago mensual?

_____

_____

e)   ¿Cuántos meses necesitas para pagar la deuda completa?

_____

_____

* Respuestas a la pregunta 4
6% mensual: US$899
6% total : US$323,757
9% mensual: US$1,207
9% total: US$434,496

Sitios web útiles

www.mortgagecalculator.org

www.intracen.org/itc/apoyo-al-comercio/como-evaluar-una-solicitud-de-credito-comercial

www.consumer.ftc.gov/articles/0155-free-credit-reports

www.aarp.org/espanol/dinero/inversiones/saldo_de_tarjetas_de_credito.html

www.savingforcollege.com

6

INVERTIR
¿Por qué?

La inversión en conocimiento, paga el mayor interés.

Benjamín Franklin

El optimismo firme y paciente siempre rinde sus frutos.

Carlos Slim

Invertir es una de las formas más rentables de hacer crecer tu dinero. ¿Por qué? Una palabra resume la respuesta: **Interés**. El interés es el dinero que tú pagas por utilizar el dinero de otra persona o que otra persona te paga por utilizar tu dinero. Hablaremos primero de algunos conceptos básicos de la inversión.

Imagínate que le prestas a un amigo US$1,000 (a esto se le llama **capital inicial**), para que él o ella inicie un negocio. Tu amigo y tú han acordado que él te pagará una tasa de interés anual de 20% hasta que pague los US$1,000 que te debe. Ahora, imaginemos que tu amigo no te paga nada por cinco años, entonces es justo que sumes 20% al saldo cada año, por los cinco años de vida de esta deuda. Cabe resaltar que 20% es una tasa ficticia, y exagerada para ilustrar el ejemplo. El cuadro se vería así:

Año	Saldo (US$)	+ 20% (US$)	Total (US$)
1	1,000	200	1,200
2	1,200	240	1,440
3	1,440	288	1,728
4	1,728	346	2,074
5	2,074	415	2,488

Al final de los cinco años, tu amigo te deberá US$ 1,488 además de los US$ 1,000 originales que le prestaste. A este dinero adicional se le llama **rentabilidad**. El dinero sumado cada año al valor original del préstamo también genera interés, a esto se le llama **capitalización**. Las compañías de inversión te pagarán interés compuesto por el dinero que les prestas o te pagan dividendos por invertir en ellas. Ahora, comparemos la inversión, con el pago de una tarjeta de crédito (deuda) usando para ambos la misma cantidad de dinero, US$10,000.

	Tarjeta de crédito	Inversión
Saldo/Cantidad	US$ 10,000	US$ 10,000
Interés	16% (pagar)	8% (ganar)
Pago mensual	US$ 168	US$ 155
En 10 años habrás…	Pagado US$ 20,102	Ganado US$ 19,120

Los beneficios de invertir en lugar de pagar los gastos de una tarjeta de crédito, son evidentes. Pero el interés no es el único motivo por el cual invertir. Otra causa poderosa es la inflación. La inflación promedio en los Estados Unidos es del 3%, y si ahorras tu dinero de forma simple (como ponerlo debajo de tu colchón) y tu dinero no crece en promedio más del 3%, estarás perdiendo tu poder de compra. Cada año los precios suben y si tu dinero no sube al mismo ritmo perderá su valor. Por ejemplo, si consideramos una tasa de inflación promedio del 3%, hallaremos que un dólar disminuye al poder adquisitivo de 64 centavos de dólar luego de 15 años. Por lo tanto, si colocas US$15,000 bajo tu colchón, este dinero disminuirá en poder adquisitivo a US$9,628 (0.64 x US$15,000).

Ahora, ¿cuándo debemos empezar a invertir? Piensa en esto: si a los 20 años inviertes US$100 mensuales, con una tasa de interés promedio de 8%, tus US$100 llegarán a US$ 95,950 cuando tengas 45 años. Sin embargo, si esperas a los 35 años para empezar a invertir esos US$100 mensuales, tan solo llegarán a US$ 20,000 cuando cumplas 45 años. Por ello necesitas invertir lo antes posible.

Es cierto, que ésta es una forma muy simple de hablar de inversiones, ya que toda inversión tiene un riesgo. Existe el riesgo, por ejemplo, de que el negocio en que invertiste fracase, o que la compañía de inversión invierta mal tu dinero. Si esto ocurre, podrías perder todo o parte de tu capital original. Sin embargo, existen mecanismos para disminuir estos riesgos y obtener un buen retorno de tu inversión. El más importante es **diversificar.** Esto significa, dispersar tus inversiones (**tu cartera**) e invertir tu dinero en distintos rubros. Así te asegurarás de que si una inversión fracasa, otra te asegure los dividendos necesarios para ganar. La diversificación es la clave para una cartera exitosa. Seleccionar inversiones diferentes, también llamadas bienes, te permite maximizar tu rendimiento y reducir tu riesgo. ¿Por qué ocurre esto? Porque ningún mercado o sector es constante en su crecimiento anual.

Un ejemplo ilustrará mejor este concepto. Cuando a Asia le va bien financieramente, por lo general a Europa no le va tan bien. Otro ejemplo, cuando las empresas grandes caen, las pequeñas salen adelante, y cuando las acciones suben, por lo general los bonos bajan. Todo es cíclico, impredecible e indeterminado. Por ello, lo mejor que puedes hacer es diversificar tu riesgo y maximizar tu retorno al invertir en diferentes mercados o sectores.

Ahora, pensemos más allá de países y sectores: El oro, por ejemplo, es un muy buen indicador del sentimiento de los inversionistas. Se dice que muchos inversionistas compraron oro durante la recesión del 2008 en los Estados Unidos. Y es que, cuando el sector financiero cae a causa del sobre-endeudamiento, tiende a prestar dinero por encima de sus límites; lo que hace que los inversionistas duden de su capacidad financiera para devolver y distribuir el dinero en caso de una emergencia. Es por eso que el oro es un indicador interesante, ya que en caso de "horror financiero", el valor del oro puede mantenerse estable. Hoy, en los Estados Unidos, estamos en franca recuperación financiera, por ello los niveles del precio del oro han bajado, porque la confianza ha crecido. Algo similar sucede con el petróleo.

I. Los pasos para la inversión

Antes de invertir existen 3 pasos sencillos que debes determinar.

1. ¿Cuál es el plazo o tiempo de tu inversión?

2. ¿Qué tipo de inversionista eres? (Conservador, moderado o arriesgado).

3. ¿Cuál es el propósito de tu inversión?

1.   ¿Cuánto tiempo quieres invertir?

Existen tres plazos de inversión. Cada uno tiene ventajas y desventajas dependiendo del inversionista.

A)   **Corto plazo**. Menos de 3 años. Ideal cuando estas cerca a la meta o cuando inviertes en productos con un buen componente de seguridad y renta fija.

B) **Mediano plazo.** De 3 a 7 años. Esta inversión combina la renta fija y la variable. Aunque puedes invertir un poco en renta variable es recomendable combinarlo con la renta fija para amortiguar la volatilidad.

C) **Largo plazo.** Más de 7 años. Con inversiones a largo plazo puedes darte el lujo de invertir un porcentaje más alto con renta variable, a diferencia de la inversión a mediano o corto plazo. Tiene mayor potencial de ganancias, pero también mayores riesgos. Es ideal para gente joven, porque existe más tiempo para el crecimiento.

2. El riesgo y el tipo de Inversionista

¿Qué tipo de inversionista eres? Utiliza estas preguntas para ayudarte a determinar tus características como inversionista.

A) ¿Cuál es el propósito de tu inversión?

1) Educación.

2) Casa o Negocio.

3) Jubilación/ Independencia Financiera.

B) Tus expectativas son:

1) Que crezca constante.

2) Que crezca substancialmente.

3) Que baje moderadamente.

C) Si tu inversión perdiera el 15% de su valor, ¿qué harías?

1) Vender todas las inversiones.

2) Esperar a que vuelvan a subir.

3) Comprar más y aprovechar el precio bajo.

D) Si tuvieras que escoger una empresa para invertir, escogerías:

1) Una empresa con dividendos estables.

2) Una empresa que no es nueva, pero que tiene potencial de crecimiento.

3) Una empresa que recién empieza.

E) Si tuvieras que escoger un bono, escogerías:

1) Un bono con poco interés, pero con rendimiento seguro.

2) Un bono con alto rendimiento, pero con mediana seguridad.

3) Un bono de un país en problemas, con un rendimiento muy alto y baja seguridad.

F) Acabas de ganar un premio de US$100,000 y tienes que escoger si debes tomar todo el dinero o hacer algo más con él. Tú elegirías:

1) Retirar el efectivo de US$100,000.

2) Invertir con un 50% de oportunidad de ganar US$500,000.

3) Invertir con un 20% de oportunidad de ganar US$750,000.

Suma tus respuestas. Si contestaste 1 más del 50% de las veces eres conservador, si contestaste 2 más del 50% de las veces eres moderado y si contestaste 3 más del 50% de las veces, eres agresivo en tus inversiones. Ninguna respuesta es más importante que las otras, y no existe una respuesta errada. Simplemente, es necesario saber qué tipo de inversionista eres. Ahora estamos listos para el siguiente paso, el número 3.

3.   El propósito de tu inversión

Ya sabemos sobre el tiempo de inversión, los tipos de inversión y tu perfil de tu riesgo, ahora podemos tomar una decisión más educada sobre dónde invertir. Esto dependerá del propósito de tus inversiones. Algo de historia nos ayudará con esto. La teoría del portafolio moderno fue presentada por Markowitz en 1952. En ella se introdujo el concepto de *Efficient Frontier*, la Frontera Eficiente. Este concepto busca hallar el mayor rendimiento para un portafolio, dado su nivel de riesgo. De acuerdo con la Frontera Eficiente, el portafolio de mayor rendimiento es aquel que está distribuido en 60% de renta variable, y 40% de renta fija. Este es sólo un promedio, y depende del mercado y del propósito de tu inversión. La clave es el máximo rendimiento con el menor riesgo. Un asesor te podrá ayudar con estos elementos, o si estás dispuesto a hacerlo tú mismo, puedes seguir los tutoriales de empresas en línea. Usa mucha cautela, especialmente si el monto de la inversión representa un alto porcentaje de tu patrimonio. Mi consejo es que no lo hagas sólo, sino que se lo dejes a los expertos que tienen más experiencia. Sin embargo, aún si decides recurrir a un consultor financiero, debes tomar un curso básico sobre inversiones, o investigar en Internet. Intenta construir tu portafolio virtual (sin dinero) primero e identifica qué inversiones te gustan de acuerdo a tu riesgo como inversionista. Es necesario que aprendas términos como Producto Bruto Interno (PBI), ganancias corporativas, liquidez, venta de activos, bolsa de valores y dividendos. El comportamiento de estos elementos puede afectar el desempeño de tu dinero. También debes familiarizarte con los tipos de índices de mercado más grandes de acuerdo a tu región. Estos índices te darán una idea del estado de las inversiones en tu región. Estos son los más conocidos:

1) En Latinoamérica, el Bovespa en Brasil.
2) En Europa, el FTSE.
3) En Asia, el Hang Seng.
4) En Estados Unidos, el Dow Jones, el S&P 500, y el NASDAQ.

II. Las inversiones

Las inversiones son muy variadas, y difieren en su nivel de riesgo, en sus rendimientos proyectados, y en el tiempo necesario para que maduren y paguen dividendos. Las opciones básicas de inversiones incluyen:

1) Bonos
2) Acciones
3) Fondos mutuos (una mezcla de acciones, bonos y productos)
4) Bienes raíces
5) Certificados de depósito
6) Otras

1. **Bonos (renta fija)**

Los bonos son préstamos que tú, como inversionista, le das a una empresa y ellos en retorno te dan un porcentaje de este préstamo llamado interés, hasta el plazo en que finalmente te paguen el monto final.

Por ejemplo, imaginemos el bono *ABC 2020 5% a 1000*, ¿Qué significan todos estos números? Los números quieren decir que el bono cuesta US$1,000 al valor del mercado, pagará 5% (o US$50) anuales y en el año 2020 te devolverán los US$1,000 que invertiste. Existe la posibilidad de que puedas vender tus bonos en el mercado antes de tiempo, si lo necesitas, pero evidentemente tu ganancia será mucho menor. La ventaja de los bonos es que son más estables (a menos del hipotético y poco probable caso de que la reserva federal del país suba o baje los intereses en grandes proporciones). La ganancia por bonos funciona de la siguiente manera: Si los intereses de las reservas federales bajan (tomando como ejemplo los Estados Unidos), tu bono valdrá más y si los intereses suben tu bono valdrá menos, dependiendo de la oferta y la demanda. ¿Por qué? Voy a explicar esto de forma muy simple: Esto ocurre así porque si los intereses bajan a un 3% por ejemplo, tu bono de 5% lo querrán comprar más personas y su precio por ende subirá. Por el contrario, si los intereses suben al 7%, nadie querrá comprar tu bono de 5% y su precio por ende bajará. Es importante que consideres esto si deseas liquidez o estas contemplando venderlo antes del tiempo de vencimiento. Muchos bonos en el mercado tienen inversiones mínimas muy altas, es decir sus precios empiezan por encima de los US$100,000. Por ello, se crearon los fondos mutuos, que como mencionamos, son grupos de inversión que juntan bonos y los venden como un portafolio. Con esta estructura el inversionista, es decir tú, podrás acceder a bonos atractivos sin tener que pagar costos mínimos altos. Por ejemplo, un fondo mutuo promedio tiene como mínimo de inversión US$2,500 y existe la posibilidad de invertirlos en una variedad de bonos distintos. Los bonos generalmente se categorizan por sectores. Por ejemplo, los bonos del sector financiero, del sector de transporte, de utilidades, de restaurantes, etc. Los bonos son un ejemplo de renta fija. Tienes una cantidad establecida como ganancia por tu inversión, la cual no suele ser tan alta como la que obtendrías con una renta variable.

2. Acciones (renta variable)

Las acciones son las formas básicas de inversión. Es como ser dueño de un ladrillo de la pared que representa una compañía. Una acción es una parte del valor total de la compañía, y cuanto más acciones tengas más poder tendrás en las decisiones que rigen la vida de la compañía. De ahí la importancia de tener al menos 51% de las acciones de una compañía (en el caso de los dueños de éstas).

¿Qué es la renta variable? Una vez más, utilicemos un ejemplo. El mejor ejemplo de renta variable son las acciones de empresas. Puedes comprar acciones y convertirte en "propietario" de una empresa (como por ejemplo, Disney), por menos de US$100. Claro tú serás tan propietario como millones de otras personas y eso no te dará una entrada gratis al parque. La gran diferencia entre esta acción y un bono, es que la acción es más volátil, es decir su valor puede bajar a US$0 (por lo que perderías toda tu inversión) o puede subir de valor ilimitadamente. Generalmente el valor se mueve por efecto de la demanda del producto o servicio, o por las ganancias que se reportan trimestralmente. Por ejemplo, imaginemos que la acción XYZ cuesta US$50. Si tienes US$1,000 puedes comprar 20 unidades.

Cada unidad puede generar un dividendo que se comporta como interés. Sin embargo, el valor de US$50 por acción que pagaste inicialmente no se mantiene fijo, no hay garantía de que así sea. Así es que, dependiendo del comportamiento o crecimiento de la empresa puedes ganar mucho dinero o perder toda tu inversión. Es por ello que en este caso, también existen fondos mutuos que agrupan acciones de empresas de acuerdo a su área de desempeño, es decir fondos mutuos de telefonía, de sistemas de celulares, de aerolíneas, etc. De esa manera, no es necesario comprar unas pocas acciones de una empresa para obtener una ganancia, sino que se puede ser parte de un fondo mutuo, una bolsa mucho mayor, que invierta en el sector. La ventaja de los fondos mutuos es que te protegerán en caso el valor de una empresa baje radicalmente de la noche a la mañana. Por ejemplo, el portafolio de fondos mutuos que invirtió en petróleo, cuando sucedió la catástrofe del Golfo de México de BP, tuvo una caída en el valor de sus fondos mutuos, pero no una tan importante con la de aquellos que invirtieron específicamente en BP en la forma de acciones individuales. Como ves, los fondos mutuos son herramientas útiles que se pueden aplicar a cualquiera de las modalidades de inversión. Así mismo, existen las ETFs (*Exchange-Traded Funds*), que son similares a los fondos mutuos porque invierten en un sector específico, pero son menos costosos porque copian a los índices del mercado. Por ejemplo, existe una ETF del índice S&P 500, que invierte en las 500 empresas mas grandes de Estados Unidos. Existen ETFs que invierten en sectores por industrias, por regiones o por divisas.

3. Inversión en fondos de retiro

Los fondos mutuos son bolsas creadas por las instituciones financieras, en las que reúnen los aportes de varios inversionistas, como tú. Luego, los administradores de fondos invierten ese dinero. Los administradores de fondos eligen dónde y cuánto invertir para generar más valor, y hacer que tu capital aumente. Esta es la base sobre la que se sustentan los fondos de pensiones. La jubilación suena a un evento demasiado lejano para muchos, pero es importante que sepas cómo funcionan los fondos mutuos de pensiones para tomar las mejores decisiones, hoy. Sin importar la edad, en cuanto uno empieza a trabajar, debe tomar decisiones que permitan tener dinero suficiente al momento del retiro. ¿Cómo funcionan los fondos de pensiones? El SPP o Sistema Privado de Pensiones te brinda la oportunidad de seleccionar dónde y cómo hacer aportes para obtener una mayor rentabilidad (ganancia). Un porcentaje de tu sueldo es descontado cada mes para estos fondos de retiro (10% de tu salario bruto en muchos países de Latinoamérica). Las Administradoras de Fondos de Pensiones o AFPs, reciben el dinero acumulado en el fondo y lo invierten. Este tipo de inversión se conoce como multi-fondo. La AFP te cobrará una comisión por el manejo de tu dinero y los gastos administrativos que esto genera. Además, 1% a 2% de tu fondo será utilizado para un seguro que te cubrirá (y a tu familia) en caso no puedas trabajar por algún imprevisto, o en caso de muerte. La mayoría de las personas invierten poco tiempo en planificar su futuro financiero. Por lo general, ahorrar para la jubilación o adquirir una póliza de seguros está en la parte más baja de su escala de prioridades, ya que implica renunciar a cosas ansiadas, a la gratificación inmediata. Sin embargo, como ya indicamos arriba, la planificación es una de las claves del éxito financiero.

En los Estados Unidos, el plan de retiro mas común que ofrecen las empresas se le llama **401K**. Un plan **401K** crece con impuesto diferido, lo que quiere decir que no deberás pagar impuestos por el dinero que acumule, sino hasta que retires el dinero de la cuenta. Un **Roth 401K** es ligeramente diferente, ya que inviertes *después* de impuestos. Esto quiere decir que, aunque el dinero también crece con impuesto diferido, la distribución no genera impuesto, ya que la oficina de impuestos (IRS) lo dedujo al principio. ¿Cuál deberías elegir? Depende de cuándo desees pagar impuestos y de tus expectativas de ubicación en la escala tributaria.

4. Bienes raíces

Es siempre una buena inversión, siempre y cuando tengas el capital para pagar, al menos, 20% del valor total de la propiedad. Siempre evalúa los términos de los préstamos y busca a un profesional para que te asesore sobre el potencial de tu compra, las oportunidades de crecimiento de la zona y la administración del sector de la propiedad.

5. Certificados de depósito

El certificado de depósito es un documento en el que consta que una persona ha depositado dinero en una institución financiera. El certificado de depósito es una opción atractiva que ofrece seguridad, flexibilidad y un rendimiento estable, respaldado por la institución donde se deposite el dinero. ¡Ojo con las penalidades en caso quieras retirar tu dinero! Por lo general estos instrumentos ofrecen bajas tasas de interés.

III. Inversiones e impuestos

Es importante considerar los impuestos a pagar por tus inversiones. En otras palabras, si es que debes pagar impuestos al momento de retirar el dinero de la inversión o antes. Si pagas impuestos sólo al momento del retiro de la inversión, gracias al interés compuesto, el monto final que retirarás podría ser más alto que si lo hubieses invertido en una cuenta, después de impuestos. Esto dependerá del tipo de cuenta que escojas para invertir. Por ejemplo, si los fondos son para tu jubilación, el impuesto será diferido; si estás invirtiendo para una casa en el futuro, entonces deberás pagar impuestos hoy. También dependerá del instrumento que escojas para invertir, (por ejemplo, bonos o acciones). Recuerda que también existen algunos bonos libres de impuestos: los municipales.

IV. Invirtiendo en ti

Finalmente, al igual que en las finanzas, para ser exitoso en la vida es necesario diversificar. Invierte en ti, en tus bienes intelectuales (tu educación, conocimiento y habilidades); tus bienes sociales (tus conexiones, voluntariado y amistades) o tus bienes espirituales (tu crecimiento, evolución y cambio). El riesgo de la inversión en ti mismo es bajo y el rendimiento definitivamente será alto. En ocasiones, consideramos que invertir en nuestra libertad financiera actual es tan importante que planificar. Ser emprendedor, querer mejorar el mundo al hacer empresa y generar empleos, y empezarlo todo desde cero, es un reto muy enriquecedor. Una buena inversión. Diversifica bien tus inversiones para que puedas gozar de muchas de estas cosas en el futuro. Pero, ¡empieza hoy!

En resumen

➢ Invertir no es lo mismo que ahorrar.

➢ Para invertir es importante planificar.

➢ Familiarízate con los distintos tipos de inversión.

➢ Evalúa: ¿cuánto tiempo quieres invertir?, ¿qué riesgo estás dispuesto a tomar?, ¿cuál es el propósito de tu inversión?

➢ Invierte en ti mismo. Nunca perderás con ese tipo de inversión.

Testimonios

Robert P, 43 años

Mi hermano empezó a aportar a un plan de retiro a los 21 años. Yo empecé a los 40. Ahora, a pesar de que aporto mucho más dinero que él cada mes, él tiene más dinero que yo para retirarse.

Alex A, 25 años

Yo no estaba seguro si debía unirme a una AFP (Administradora de Fondo de Pensiones) o si debía invertir en la Bolsa de Valores. Después de pensarlo mucho, decidí invertir en la Bolsa sin beneficios tributarios y ahora me arrepiento.

Emilio Z, 30 años

Coloqué mis ahorros en una cuenta de inversiones. Pero no me fijé si era de alto riesgo o de bajo riesgo. En realidad, no tenía idea de que una cuenta de alto riesgo podía darte más dinero, pero con un mayor riesgo de perder tu dinero. Tampoco sabía que una cuenta de bajo riesgo da menos ganancias, pero con un menor riesgo de perder tu dinero. Ya te imaginarás lo que pasó con mis ahorros.

Ejercicios

Hagamos ahora un plan de inversión para ti.

1. ¿Cuál es el propósito de tu inversión? (por ejemplo educación, un negocio, una casa, jubilación). Menciona 3.

    Meta 1_____

    Meta 2_____

    Meta 3 _____

2. ¿Qué plazo le das esas metas?

    A. Corto (1-3 años).

    B. Mediano (3- 7 años).

    C. Largo (más de 7 años).

3. ¿Qué tipo de riesgo estás dispuesto a tomar?

    A. Conservador.

    B. Moderado.

    C. Agresivo.

4. ¿Qué tipo de portafolio tendrás y dónde lo invertirás?

    A. Más de 70% en renta fija.

    B. Entre 70% y 30% en renta fija.

    C. Menos de 30% en renta fija.

5. Completa el gráfico con tus metas e inversiones:

Propósito	Años para la inversión	Riesgo que tomarás	Tipo de cuenta y portafolio
Ejemplo: Casa	6 años	Moderado	Renta fija/variable

6. Piensa y responde las siguientes preguntas:

A. Durante el último siglo, ¿de qué manera han ganado o invertido su dinero los miembros de tu familia?

_____

_____

B. ¿Qué estás haciendo para reforzar tus habilidades y valores con relación a tus ingresos e inversiones?

_____

_____

C. ¿Estás invirtiendo en un fondo de inversiones? Si la respuesta es no, ¿cuándo pretendes empezar?

_____

_____

Sitios web útiles

www.finance.yahoo.com

www.investorwords.com

www.businessdictionary.com

www.creditreport.com

www.fpanet.org

www.bloomberg.com

www.kiplinger.com

7

COMPARTIR Y PROTEGER

¿Para qué?

*Recuerda siempre que, dentro de ti se halla la fuerza,
la paciencia y la pasión para alcanzar las estrellas,
que cambien el mundo.*

Madre Teresa de Calculta

Recuerdo la primera vez que hice paracaidismo. Tuve que ver un video de 30 minutos recordándome los peligros de ese deporte; me dijeron que la empresa no se hacía responsable en caso de falla del equipo y me pidieron firmar varios documentos en los que me comprometía a no enjuiciar a la empresa. Es decir, yo tomaba todo el riesgo. Entonces, para protegerme me pusieron un casco, ropa hermética, dos paracaídas (uno grande y otro de emergencia en caso el primero no se abriera) y me asignaron dos instructores, uno de los cuales me explicó el proceso paso por paso. Todo esto ayudó a disminuir el riesgo, mas no lo eliminó. De ese mismo modo debes protegerte para no perder tu dinero. Siempre habrá la posibilidad de perderlo, pero tú tienes el poder de disminuir ésta posibilidad, con estrategias que se adecuen a tus activos y objetivos.

Si has llegado hasta aquí, ya debes de saber sobre tus tendencias financieras, habrás clarificado tus metas, y organizado tu dinero con un presupuesto. Igualmente, ya habrás empezado a ahorrar inteligentemente, a evaluar tus compras, y con suerte habrás invertido tus ahorros para que crezcan. Todo eso es sumamente importante para mantener finanzas saludables. Pero, ahora imagina por un instante que, a pesar de haber hecho tu tarea y haber seguido los pasos adecuados, sucede algo imprevisto y repentino que afecta tus finanzas, como perder el empleo, ser estafado, sufrir un accidente, la avería de una maquinaria para tu negocio o un daño importante en tu casa. Todas estas son posibilidades válidas que pueden afectarte significativamente y de las cuales puede costar recuperarse. Por ello, saber cómo proteger tus finanzas es tan importante como ahorrar e invertir. Si aprendiste todo lo necesario para ganar dinero, ¿no es sensato aprender a protegerlo?

I. Protegiendo tu dinero

Cada año existen 11,5 millones de nuevas víctimas de robo de identidad en los Estados Unidos. Cada incidente cuesta un promedio de US$4,930 y el grupo más afectado por el robo de información está entre los 18 y los 24 años de edad. ¿Por qué? Porque son los mayores usuarios del Internet y las redes sociales. Las redes sociales incluyen al 40% de la población mundial, con 1,1 miles de millones de usuarios de Facebook y 2,5 miles de millones de segmentos de contenido subidos a Facebook, cada día. Revisa tus estados de cuenta regularmente, ya sea ésta una cuenta de ahorros o corriente. Y sobre todo, revisa tus tarjetas de crédito. Algunas instituciones ofrecen protección en caso de robo de identidad y compras fraudulentas. Averigua esto con tu institución financiera.

Por otro lado, puedes protegerte de muchos de estos eventos negativos mediante la adquisición de un seguro. Por ello es importante que aprendas a evaluar el costo-beneficio de adquirir un seguro y analizar la probabilidad de que un suceso específico ocurra, así podrás determinar si necesitas este seguro o no. Por ejemplo, si tienes un auto, deberás adquirir un seguro, eso es obligatorio. El precio de este seguro dependerá del tipo de protección con que te sientas cómodo, el cual puede incluir cobertura médica, a terceros y al auto. Para proteger tu casa existen seguros contra incendios, inundaciones, terremotos y otras desgracias. Y si eres un inquilino (no eres dueño de la casa en la que vives), existen seguros para proteger tus pertenencias. Evidentemente, todo depende de si tus pertenencias valen lo suficiente como para asegurarlas.

Todos estos seguros son importantes, pero ninguno como el seguro de salud. Sin la cobertura adecuada de salud podrías terminar desbancado fácilmente. Recuerdo que cuando terminé la universidad, mi amiga Isabel dejó de pagar su seguro de salud por 30 días, para ahorrar dinero, en el período entre la graduación y el inicio de su nuevo empleo. Lo que no estaba en sus planes fue que en esos 30 días, le diagnosticaran apendicitis. Ya que no contaba con seguro médico, el tratamiento le costó US$30,000. Le tomó 10 años pagar esa deuda, con intereses.

Evalúa el riesgo de tus decisiones frente a tus activos y pasivos y en base a eso determina el tipo de seguro que necesitas. Como siempre, un ejemplo nos ayudará a ilustrar mejor este punto: Tony y Ofelia tienen dos niños de 2 y 4 años. Tony es contador y gana US$50,000 anuales; Ofelia es maestra y gana US$50,000 al año. Tony y Ofelia viven de mes en mes, sin la posibilidad de ahorrar. Tony y Ofelia tienen casa propia, que vale US$250,000 de los cuales aún deben al banco US$150,000. Tony y Ofelia tienen una cuenta de inversión de US$50,000 y cada uno tiene un fondo de jubilación de US$50,000. A Tony le encanta su motocicleta y a Ofelia le encanta hacer fiestas en su casa. Por último, Tony y Ofelia están considerando empezar un negocio de *catering*. A ellos les gustaría saber qué tipo de protección (seguro), necesitarán. Estos son algunos ejemplos:

1) Testamento y cobertura para sus niños, en caso Tony u Ofelia o ambos, desaparezcan o pierdan su vida.

2) Cobertura en caso de discapacidad.

3) Protección para su casa, sus inversiones y su fondo de jubilación.

4) Seguro de salud.

5) Seguro para terceros en caso alguien sufra un accidente durante una de las fiestas que organizan.

6) Seguro para la motocicleta.

7) Un fondo de emergencia en caso ocurra *pérdida de trabajo*.

8) Establecer los beneficiarios de sus planes de jubilación.

Estas son solo algunas de las muchas áreas en las que Tony y Ofelia pueden considerar protegerse. Evalúa las áreas en las que necesites mayor cobertura. Aunque todas son importantes, no todas son imprescindibles. Cuanto más se incrementen nuestros activos, mayor será la necesidad de cubrirlos contra cualquier desastre.

Un ejemplo muy cercano a mí fue el del huracán Andrew, que azotó Miami en los años 90. Ese huracán causó cerca de US$15 mil millones de pérdidas en cobertura de seguros; 700,000 familias perdieron sus hogares; 125,000 casas fueron destruidas; y 82,000 negocios se perdieron. Las personas que no contaban con un seguro para sus pertenencias simplemente tuvieron que empezar de cero. Sólo aquellos con cobertura de seguros pudieron pagar los enormes gastos de reconstrucción de sus hogares.

En cuanto a los seguros de vida existen distintas categorías de cobertura:

1) Por período: limitado o ilimitado.

2) Por inversión: fija o variable.

3) Por pagos: por el tiempo de vida de una persona o un determinado número de años.

4) Por distribución: un número fijo o por porcentaje.

Además de proteger tus activos, más allá de lo material, es importante proteger a tus seres queridos, teniendo todo en orden, comunicado y protegido. Existen tres documentos que te ayudarán con este propósito: El testamento, el poder y la directiva avanzada.

Con la ayuda de un testamento (y un abogado), podrás transmitir tus deseos después de la muerte. El poder, por otro lado, te permitirá transmitir estos mismos deseos en caso de discapacidad mental o física. Esto incluye pagar cuentas, comprar un inmueble o incluso firmar un contrato. El uso de un poder es muy común. La directiva avanzada refleja tus deseos de tratamiento médico en caso de que no puedas transmitirlos por algún impedimento físico.

II. Altruismo y filantropía

La definición de **altruismo** es dar sin importar la recompensa o el reconocimiento. **Filantropía** es el acto de donar dinero, bienes, tiempo o esfuerzo para apoyar una obra benéfica – generalmente a lo largo de un período o con una meta definida. Implica cualquier actividad que promueva el bien o mejore la calidad de la vida. Sin embargo, lo que he escuchado a veces es: si trabajé tan duro para obtener mi dinero, ¿por qué otra persona debería beneficiarse de él?

Bill Gates, uno de los hombres más ricos del mundo fundó junto a su esposa la *Fundación Bill y Melinda Gates* (www.gatesfoundation.org) en el año 2000. La actriz Angelina Jolie dona un tercio de su sueldo a obras benéficas. El cantante Bono es otro conocido filántropo; lo mismo que Steve Harvey, Oprah Winfrey, J.K. Rowling y Warren Buffett. El hijo de Warren Buffett, Peter Buffett, se dedica a ayudar a niñas desamparadas y darles una oportunidad para salir de la prostitución y convertirse en emprendedoras. Entre los filántropos latinos podemos mencionar a Gloria Estefán, Ricky Martin, Shakira y Don Francisco.

Pero todos ellos son multi-millonarios. Tu situación es diferente, ¿por qué deberías compartir? Déjame darte algunas respuestas: porque si la comunidad crece, tú creces; porque estos actos de altruismo brindan satisfacción interna y un propósito; porque ayuda a conectarnos con nuestras comunidades; porque revitaliza a las personas que reciben y a las que dan, y para ello no importa cuánto dinero o tiempo tengas; porque en algún momento, tú puedes ser quien necesite la ayuda. Por último, considera que a largo plazo, al ayudar, impulsas a la economía local, y por ende a tu propia economía.

III. Organizaciones benéficas

Existen miles de organizaciones y fundaciones benéficas. No es necesario tener dinero para apoyar estas causas. Si no tienes dinero para compartir, puedes dar de ti mismo – tu tiempo, tus talentos, tu sabiduría o tus habilidades.

Para poder crear un gran impacto social debes de tener un plan y unirte a personas con tus mismos intereses benéficos. Existen muchos sitios en internet que se enfocan en la filosofía de **no** dar sólo dinero, sino en dar herramientas o préstamos sin interés para ayudar a las personas. La idea es ayudar de una forma sostenible. Un ejemplo es www.lumni.net. Este es un fondo de inversión que busca inversionistas enfocados en la educación universitaria. El fondo ofrece becas a un grupo selecto de estudiantes quienes prometen, apenas se gradúen, a pagar un porcentaje de su sueldo que en teoría generará rendimientos mayores al del costo de la educación universitaria. Los inversionistas toman el riesgo de no obtener retornos a corto plazo, pero los rendimientos a largo plazo son altos. Como ésta, hay muchas otras instituciones de ayuda. Como mencioné, le meta es ayudar de forma sostenible. Ten siempre eso en mente cuando destines un porcentaje de tus finanzas o tiempo a compartir. Te recomiendo que definas un porcentaje fijo de tu presupuesto para este fin. Ya sea con tu tiempo o con tu dinero, trata de ayudar.

Otros dos sitios web de interés son: **www.Igive.com** y **www.justgive.org**. En Igive.com puedes seleccionar una causa favorita o agregar una nueva. Luego, compras en más de 700 tiendas reconocidas por Internet y una parte de cada compra es donada a la causa de tu selección. Los productos no son más caros que en otro lugar. Justgive.org te permite comprar tarjetas de regalo que puedes regalar a tu familia y a tus amigos. Cada compra con la tarjeta de regalo apoya a una de tus causas favoritas.

IV. ¿Qué harías con US$ 1 millón?

Imagina que alguien te da un millón de dólares y te dice, "No puedes quedarte con ellos. Tienes que ayudar a alguien con esto"

¿Qué organización u organizaciones escogerías?

¿Cómo mejorará la calidad de vida de personas en tu proyecto?

En resumen

➢ Protege tus activos y evalúa sus riesgos.

➢ Los seguros son una forma muy útil de protección.

➢ Analiza qué tipo de seguro es el mejor para ti.

➢ Compartir tu tiempo o tu dinero dará beneficios evidentes para los demás, como para ti mismo.

Testimonios

Héctor Julio L, 25 años

Estaba perdido. No tenía idea de qué hacer. Estaba en un país extraño, sin dinero, sin trabajo y sin amigos. A través de internet, me enteré de este albergue de niños donde necesitaban ayuda y me ofrecí como voluntario. Fue lo único que se me ocurrió hacer. Dar mi tiempo para ayudar a esos niños cambió mi vida. Gracias a eso las cosas cambiaron. Encontré trabajo, hice nuevos amigos y empecé una nueva vida. Es como si lo que di me hubiera sido devuelto con creces.

Ricardo K, 30 años

No tengo hijos, ni familia. Soy abogado y tengo un sueldo más que decente. Los sábados en la mañana, doy consejo legal gratis, Pro Bono. ¿Por qué? No lo sé, ni me importa analizarlo. Solo sé que me siento bien haciéndolo.

Luis Manuel R, 17 años

Mi padre murió en el 2004. Está de más contar lo terrible que fue para mi madre, mi hermana y yo. El impacto no fue solo emocional, sino financiero. Él era el principal sustento de la casa y cuando murió no nos dejó más que deudas. No teníamos ningún tipo de seguro.

Ejercicios

1. Haz una lista de todos tus activos y pasivos, que pienses
    necesiten protegerse (por ejemplo un auto, casa o trabajo).

    _____   _____

    _____   _____

    _____   _____

    _____   _____

    _____   _____

    _____   _____

2. Has una lista de eventos en los siguientes 12 meses que puedan
    generar algún tipo de riesgo (educación, viajes o mudanza).

    _____   _____

    _____   _____

    _____   _____

    _____   _____

    _____   _____

3. En el caso de que en verdad tengas un millón de dólares para
    ayudar, ¿en qué área te gustaría hacerlo?

    a.   Animales

    b.   Cultura, arte

    c.   Desarrollo de la comunidad

d. Educación

e. Medio ambiente

f. Salud

g. Servicios humanos

h. Derechos humanos

i. Religión

j. Investigación

4. Escribe la meta que te gustaría alcanzar en tu vida financiera, e incluye fecha y montos.

_____

_____

_____

5. ¿Qué tipo de mecanismos considerarías para proteger esa meta?

_____

_____

_____

6. Escribe tu testamento, incluye una lista de las cosas que posees y asígnales beneficiario

7. Intenta resolver el ejercicio de Tony y Ofelia. ¿Qué seguros les recomendarías que adquirieran?

Sitios web útiles

www.steveharveyfoundation.com
www.educatetomorrow.org
www.believeintomorrow.org
www.ogarcima.org
www.komen.org
www.liveunited.org
www.nationalhomeless.org
www.rainforestfoundation.org
www.avdlm.org
www.feed-hunger.com
www.helpendhungernow.org
www.usa.ashoka.org
www.nexusyouthsummit.org
www.charitynavigator.org

Conclusión

Al inicio de este libro te invitamos a estudiar los factores financieros en los que crees que debes mejorar. Has pasado ya por todos los colores, te hemos compartido todas las herramientas financieras necesarias para alcanzar tu libertad financiera. Es justo pensar que has identificado el color actual y muy particular de tus finanzas. Comparte con nosotros tu experiencia luego de leer este libro y envíanos el nombre del capítulo o el color en el que debes mejorar. Para ello, utiliza el correo electrónico: loscoloresdetudinero@gmail.com. Esperamos que éste sea tu primer gran paso hacia la libertad financiera. Buena suerte y gracias por compartir *Los Colores de Tu Dinero.*

Sobre la autora

Elaine King ha dedicado su vida a crear estrategias para fortalecer la vida financiera de las familias. Desde 1996, Elaine asesora a familias de todo el mundo implementando técnicas de planificación y educación para sus clientes. Elaine es autora del *best-seller* internacional **La Familia y El Dinero Hecho Fácil** (*Penguin-Random House,* 2013), galardonado como el mejor libro latino para padres, de ese año. Elaine es frecuentemente citada como experta financiera internacional en radio, televisión y otros medios de prensa (entre ellos **CNN, Univisión, Telemundo y The Wall Street Journal**). Su amplia experiencia como vice-presidente, directora y socia en el sector financiero incluyen: **WE Family Offices, Bessemer Trust, The Royal Bank of Scotland-Coutts LATAM,** y **Citigroup – Salomon Smith Barney**. Esta experiencia contribuyó a la creación de su fundación **Family and Money Matters Institute**™, destinada a fortalecer el capital humano y financiero de las familias. Además de ser planificadora financiera certificada (**CFP**), Elaine King es también mediadora familiar de la **Corte Suprema de Florida**, analista financiera certificada (**CDFA**), embajadora del **CFP Board** *y miembro de la* junta directiva del **Financial Planning Association de Florida** y del **Estate Planning Council de Miami**. Como parte de su labor filantrópica, Elaine colabora regularmente con **CIMA (Centro de Integración para Niños Abandonados**), un refugio para niños sin hogar en Perú, su país natal.

Notas

Notas

Notas

www.ingramcontent.com/pod-product-compliance
Lightning Source LLC
Chambersburg PA
CBHW042311210326
41598CB00041B/7353